Ponte las pilas

MERCEDES PALOMAR
Y PILAR PALOMAR

Ponte las pilas

LOS SECRETOS DE EMPRENDIMIENTO
DE LAS CREADORAS DE

Lady
MULTITASK

🜨 Planeta

© 2022, Mercedes Palomar
© 2022, Pilar Palomar

Lady Multitask ® con autorización de las autoras

Diseño de portada: Planeta Arte & Diseño / David López García
Fotografía de portada: © iStock
Fotografía del autor: © Garage Photo Studio / Karsaly
Diseño de interiores: Guadalupe M. González Ruiz

Derechos reservados

© 2022, Editorial Planeta Mexicana, S.A. de C.V.
Bajo el sello editorial PLANETA M.R.
Avenida Presidente Masarik núm. 111,
Piso 2, Polanco V Sección, Miguel Hidalgo
C.P. 11560, Ciudad de México
www.planetadelibros.com.mx

Primera edición en formato epub: octubre de 2022
ISBN: 978-607-07-8999-1

Primera edición impresa en México: octubre de 2022
ISBN: 978-607-07-8908-3

Impreso en los talleres de Litográfica Ingramex, S.A. de C.V.
Centeno núm. 162-1, colonia Granjas Esmeralda, Ciudad de México
Impreso y hecho en México - *Printed and made in Mexico*

ÍNDICE

PRÓLOGO

SI TE QUEDAS QUIETA, LA VIDA SE QUEDA QUIETA. NO DEJEN QUE LA VIDA SE QUEDE QUIETA, VAYAN POR SUS SUEÑOS, ARREBATEN ESO PORQUE NADA SE CREA POR ARTE DE MAGIA. NADIE TE LO VA A DAR DE A GRATIS. HAY QUE IR POR ELLO.

EUFROSINA CRUZ MENDOZA, ACTIVISTA ZAPOTECA

«Las amigas de mis amigas son mis amigas», escuché decir a Mercedes junto a su hermana Pilar, al tiempo que levantaba su copa para brindar por el quinto aniversario de Lady Multitask en junio de 2021. La frase me puso la piel chinita. Supe que ellas no solo tenían clara su misión, sino que eran conscientes de la responsabilidad que conlleva su liderazgo y la revolución que detonaron el día que comenzaron una comunidad exclusiva para mujeres emprendedoras en Facebook.

Antes de salir del evento, y después de haber platicado con varias *ladies* de diferentes partes de la República, me acerqué con las hermanas Palomar, les agradecí la invitación y les dije: «Cuenten conmigo. En lo que les pueda ayudar, aquí estoy».

Crear una comunidad digital o presencial es todo un arte. Requiere tiempo, paciencia, autenticidad, transparencia, empatía, flexibilidad y visión. Sin embargo, el factor más importante es saber escuchar a tu comunidad, acto que hemos transformado en una forma de sororidad.

Ponte las pilas plantea la sororidad desde una perspectiva muy sencilla y revolucionaria: ¿Cómo te puedo ayudar? Mercedes y Pilar comparten conocimiento práctico, tangible y las herramientas que les han ayudado en el camino a definir el éxito bajo sus propios términos. Creo firmemente que la salud financiera es igual a salud mental. Sí, y mil veces sí a esta consigna: la mejor protección para la mujer es el dinero propio. Navegar en las páginas de *Ponte las pilas* es, entonces, un acto de amor propio.

Este libro, como todo el trabajo que se hace desde Lady Multitask, le pone un alto a la creencia del pasado de que las mujeres no son capaces de sobrevivir por sí mismas. En México hay muchísimas mujeres que son modelos a seguir, fuentes de inspiración y transformación. En cada una de nosotras hay una historia de éxito por nacer, algo relevante en un país que en 2022 aún tiene decenas de barreras culturales que impiden a las mujeres crecer económicamente con libertad. Contra todo pronóstico y estadística, en *Ponte las pilas* descubrirás por qué no hay mejor momento en la historia para ser mujer, para emprender y conectar con tu poder.

Desde que comencé mi carrera y fundé Lidh —la primera plataforma de servicios y educación financiera con perspectiva de género en México— he sido invitada a platicar de liderazgo, mujeres en posiciones de poder, que emprenden y que inspiran. Después de 15 años decidí replantearme lo que creía sobre estos temas, lo cual me llevó a reflexionar a profundidad qué significa el poder para las mujeres mexicanas, cómo lo percibimos quienes tenemos acceso a las redes sociales y a internet, a decidir libremente para quiénes somos emprendedoras; también cómo lo perciben quienes no viven con estos privilegios. ¿Las mujeres en México abrazamos, rechazamos o minimizamos nuestros logros?

Enfrentamos una brecha salarial de 27%, la más elevada entre países miembros de la Organización para la Cooperación y Desarrollo Económicos (OCDE) si tomamos en cuenta que en países como Colombia y Bélgica es de 3%, de acuerdo con PwC México. Las mujeres deben trabajar cuatro meses más que los hombres para ganar lo que ellos ganan en 12 meses. Afectadas por esta discriminación salarial, tienen 27% menos presupuesto para hacer las compras del supermercado, pagar la renta, educación y velar por el futuro de sus hijos.

Después de pagar las cuentas queda poco dinero propio; la nula independencia económica reduce las posibilidades de que una mujer pueda dejar una relación de abuso. Necesitamos eliminar desde hoy la idea de que nuestras finanzas y estabilidad económica están aseguradas por el hombre más cercano en nuestras vidas.

Según datos del Programa de las Naciones Unidas para el Desarrollo (PNUD), 33% de las mujeres mexicanas tiene una cuenta de banco. ¿Un gran avance? No lo es, si tomamos en cuenta que 13.4% de esas mujeres pide permiso a alguien más para hacer uso de sus propios ingresos. La principal razón por la cual nuestro género tiene menor acceso a créditos se debe a la falta de un historial, lo que tiene como consecuencia que tan solo 35% de las viviendas en México estén a nombre de una mujer, tal como demostró el Instituto Nacional de Estadística y Geografía (Inegi) en 2021.

Actualmente, 126 años después de que las mujeres en México pudieran continuar con sus estudios de primaria, nos graduamos de estudios superiores en promedio un 1% más que los hombres. Sin embargo, 90% de las mujeres se encuentra sin empleo (OCDE) y tampoco busca de manera activa ser parte del mercado laboral formal. En su lugar, ocupan casi 30% de la economía informal (Statista, 2022), tipo de negocio que conlleva menor crecimiento económico y limita la posibilidad de construir un patrimonio propio y digno para el futuro.

Incrementar la participación de las mujeres en la fuerza laboral aumentaría el PIB 70% (Catalyst, 2020), el equivalente a 800 mil millones de dólares. En un país donde más de 9 millones de hogares son sostenidos por una jefa de familia, quedarnos calladas, cerradas y con pensamiento limitado no es opción. Y a quienes hemos logrado algún tipo de avance, por más mínimo que sea, nos corresponde abrir las puertas a las demás.

Entonces, ¿qué pasa? Somos más activas, estudiamos más, hoy emprendemos más rápido que los hombres, pero con mucho menos acceso a financiamiento por nuestra condición de mujeres. La excesiva violencia de género que hemos normalizado en México nos ayuda a identificar esa inmensa barrera que intentamos derribar desde hace décadas.

Uno de los principales factores que limitan nuestro crecimiento es la falta de equidad en el hogar, la repartición de las tareas de la casa y dar por hecho que la responsabilidad de todo lo que sucede dentro de una casa es obligación de la mujer. Las mujeres mexicanas dedican casi 60 horas a lavar, planchar, hacer el súper, preparar los alimentos o cuidar al familiar enfermo y, además, quienes tienen hijos deben cargar con la responsabilidad de todas sus necesidades tanto en la escuela como en casa.

En palabras de la activista Marcelina Bautista, fundadora del Centro de Apoyo y Capacitación para Empleadas del Hogar y del Sindicato Nacional de Trabajadores y Trabajadoras del Hogar en México, el trabajo del hogar es invisible y solo se reconoce cuando está mal. No se puede hablar de recuperación económica sin hablar de la economía de las mujeres, tal y como lo plantea la economista argentina Mercedes D'Alessandro. Porque, seamos sinceras, un hombre que participa en las obligaciones del hogar no es digno de pleitesía, es simplemente un adulto funcional.

Comprender esta información nos permite analizar quiénes somos y por qué hoy más que nunca atrevernos a ir por lo que queremos es esencial en un país como el nuestro. No abandones tus sueños, piensa que tu proyecto también puede impactar el futuro de muchas más. No olvides tampoco cerrar la brecha entre tú y otras mujeres, recuérdate constantemente que las amigas de tus amigas son tus amigas.

«Ponerse las pilas» es gritarle al mundo y decirle «¡Aquí estoy!», preguntarle a una mujer «¿Cómo te puedo ayudar?» puede ser el acto más radical que existe; atrevernos a pedir ayuda, la transformación generacional de sanación personal y colectiva que hemos estado esperando. Esta es la esencia detrás de *Ponte las pilas*, la visión de Mercedes y Pilar, que llueve, truene o relampaguee nos invitan una y otra vez a no darnos por vencidas e ir más allá, juntas, en comunidad.

Bárbara Arredondo Ayala, productora,
emprendedora y activista,
junio de 2022

INTRODUCCIÓN

Lady Multitask no empezó por casualidad. Comenzó en 2016 cuando, casadas y con hijos chiquitos, nos preguntamos cómo podríamos seguir desarrollándonos en el ámbito profesional desde casa, sin descuidar a la familia y sin tener que escoger entre trabajar fuera del hogar o criar niños. En ese entonces no había muchos trabajos con horarios flexibles o de medio tiempo que nos dieran la libertad de elegir. Nosotras dos, Mercedes en la Ciudad de México y Pilar en San Luis Potosí, habíamos estudiado una carrera universitaria, habíamos trabajado algunos años antes de tener una familia y ahora queríamos volver a la fuerza laboral, pero en nuestros propios términos.

Somos hermanas y siempre hemos sido las mejores socias, así que decidimos emprender juntas. Intentamos varios proyectos y siempre nos topábamos con la misma pregunta: *¿cómo logramos que nuestros productos y servicios tengan más visibilidad y alcance sin tener que invertir un ojo de la cara en publicidad?* A raíz de esa inquietud empezamos a pedirles a varias amigas que recomendaran nuestros negocios, y nosotras, a cambio, recomendaríamos los suyos. Lo hacíamos fuera del mundo digital: en reuniones sociales, fiestas, llamadas telefónicas, etc. Nos iba bien, pero sabíamos que se podía ampliar aún más nuestro círculo de acción. Sí, nuestras amigas sabían de nuestros productos, pero ¿y las de ellas? ¿Por qué nos deteníamos en nuestro primer círculo de influencia? Queríamos conectar con todas esas amigas y con sus amigas; de hecho, de ahí salió nuestro famoso eslogan: «Las amigas de mis amigas son mis amigas». Pero nos estamos adelantando, volvamos al principio.

Se nos ocurrió que si llevábamos la conversación a redes sociales podríamos lograr un mayor alcance y, así, mayor éxito en nuestros emprendimientos. ¿Te has dado cuenta de que las mujeres somos buenísimas al recomendar? *¿Un dentista? El mío me salvó de un dolor de muelas horrendo, te paso su contacto. ¿El pastel de la fiesta de los niños? Mi prima sabe de uno buenísimo.* Si nos pagaran por recomendar seríamos millonarias. Nosotras nos dimos cuenta de eso y en junio de 2016 abrimos nuestro primer grupo en Facebook para las mujeres de San Luis Potosí, donde crecimos. Creamos un grupo basado en la confianza, en el que todas nuestras amigas pudieran hacer lo que hacen mejor: recomendar, vender y comprar. Y más allá de eso, **abrimos un espacio para que las mujeres pudieran desarrollarse profesionalmente, creando y haciendo crecer sus propios negocios.**

Venimos de una familia grande, de muchas mujeres, cinco hermanas y amigas cercanas. Siempre fuimos una comunidad de apoyo, y las amigas de todas eran amigas del resto. Así que unimos los puntos que siempre estuvieron presentes en nuestra vida: mujeres y comunidad, y, claro, aprovechamos la era de las redes sociales para fortalecer ese vínculo y lograr que más mujeres pudieran proyectarse junto con nosotras. Fue así como nació Lady Multitask, una plataforma *online* donde actualmente cientos de miles de mujeres nos apoyamos las unas a las otras promoviendo la compra y venta de productos y servicios, impulsando el comercio local y compartiendo tips y recomendaciones.

Escogimos el nombre Lady Multitask porque, por un lado, describe esa habilidad que tenemos las mujeres para hacer de todo al mismo tiempo y, por el otro, habla de la cualidad de ser mujer… la que es *lady* es *lady*, y cada una tiene su forma de serlo. Para nosotras, esas dos palabras significan **libertad para que las mujeres podamos ser lo que queramos ser, cuando queramos serlo.** No por ser mujeres tenemos que decidir entre las opciones tradicionales: estudiar o trabajar, ser ama de casa o emprendedora. No somos demasiado jóvenes ni demasiado viejas para empezar un negocio. No, tenemos la libertad de decidir.

Poco más de cinco años después de haber creado ese primer grupo, el resultado ha sido fantástico. Tenemos grupos en 80 ciudades y 12 países. Conformamos la comunidad de mujeres más grande de su tipo en Facebook en toda Latinoamérica, un grupo muy diverso y multigeneracional, compuesto por mujeres de diferentes edades, profesiones, creencias y conocimientos, centradas en lo que nos une a todas: **el apoyo y la confianza de una mujer a otra.** Siempre hay alguien que sabe algo que tú no, que tiene la información que necesitas o el producto que estabas buscando, solo es cuestión de preguntar y compartir.

El grupo cobró fuerza, por una parte, por las reglas que implementamos (tenemos un proceso artesanal de verificación para formar parte del grupo y parámetros de convivencia para asegurarnos de tener una comunidad segura, de confianza y libre de fraudes), y por la otra, porque detectamos una necesidad en el momento indicado y creamos un espacio que, con el *boom* de las redes, simple y sencillamente era necesario. Y nos aseguramos de que estuviera bien hecho.

Cuando abrimos ese primer grupo ya teníamos en mente nuestros objetivos y metas: crear una plataforma que acercara y fortaleciera relaciones de valor entre mujeres, en la que pudiéramos saber quién hacía qué y cómo. Sabíamos que no nos podíamos quedar solo como una comunidad digital. Lo pensamos mucho, lo trabajamos aún más. Nos preparamos, hicimos planes, registramos la marca y nos formalizamos como empresa. **Lady Multitask nunca fue un *hobby*:** desde el inicio establecimos nuestro modelo de negocio a través de los Lady Markets (nuestros bazares), a partir de los cuales llevamos toda las compras *online* al mundo real y acercamos a las *ladies* aún más a través de diferentes dinámicas. Ahora, conforme hemos crecido y evolucionado, también tenemos nuestra propia plataforma, una app.

Así, Lady Multitask vive dentro y fuera de lo digital, pues queremos que nuestras *ladies* se conozcan y convivan. En total somos más de un millón de mujeres. Muchas de las *ladies* han logrado salir adelante a través de nuestra herramienta, y gracias a los grupos y a los Lady Markets han crecido sus marcas y negocios. **Somos mucho más que un grupo de Facebook: somos una comunidad de mujeres para mujeres mediante la cual estamos cambiando la economía del país.** Porque la neta es esta: el sistema económico y laboral en el que vivimos no funciona para nosotras. Estructuralmente no está diseñado para las mujeres que trabajan. Sin embargo, podemos revolucionarlo desde dentro, pues tenemos más poder del que creemos. De hecho, 70% de la decisión de una compra en el hogar viene de una mujer.

La verdadera libertad es la independencia económica, y así lo hemos visto con Lady Multitask. Si tienes tu propio dinero, tienes opciones y el poder de decidir. Puedes elegir quedarte en casa con tus hijos, ir a trabajar, ir a la escuela; puedes hacerlo todo o no hacer ninguna de las acciones anteriores. No tienes que vivir a cuenta de nadie, tú eres perfectamente independiente. Mientras más de nosotras podamos tener un negocio formal y redituable, más podremos medir nuestro crecimiento real. Y por eso decidimos escribir este libro: **porque todas merecemos saber que tenemos a nuestro alcance la opción de crear nuestro propio negocio y debemos contar con las herramientas para hacerlo.**

Empezar un negocio no es fácil, pero las cosas que valen la pena en la vida rara vez lo son. ¡Lo importante es que no estás sola! En las siguientes páginas te compartiremos la actitud mental que necesitas para crear un emprendimiento. Te daremos las herramientas necesarias para establecer y formalizar tu proyecto, y anticiparemos los retos que tendrás que enfrentar como mujer emprendedora. Te explicaremos cómo ser tu propia jefa, encontrar tu equipo, confiar en sus miembros y liderarlos, cómo crear comunidad, hacer *networking*, vender tus productos y aprender de tus fracasos.

Te daremos tips prácticos, consejos y ejercicios que te ayudarán a emprender. Aprenderás a elegir y ejecutar planes de negocios, a lidiar con números y a manejar el dinero. Explorarás qué se necesita para formalizar tu negocio y llevarlo al siguiente nivel. También cómo potenciar tu marca a través del *marketing digital*, cómo mantener redes sociales, cómo escoger tu *target*, tus socias y cómo buscar inversionistas, si es necesario. Vamos a poner por escrito toda nuestra experiencia para ti. **Después de leer este libro no te quedará ninguna duda de que puedes tener tu propio negocio y de que puedes hacerlo bien.**

Si ya tienes en mente algún emprendimiento, aquí encontrarás la información necesaria para quitarte el miedo y dar el siguiente paso para ejecutarlo. Si aún no sabes lo que quieres crear, nuestro propósito es que este libro te sirva de inspiración y te ayude a tener claridad e impulso para consolidar lo que siempre has deseado. Queremos que veas lo que está escrito aquí como una referencia, como un manual que te va a facilitar la vida en muchos sentidos, ahorrándote algunos golpes gracias a los baches que ya hemos enfrentado y las lecciones que ya hemos aprendido. El objetivo es que utilices los ejercicios que encontrarás aquí como herramientas y que no se queden en el tintero. Nosotras somos como tú: empezamos Lady Multitask porque queríamos tener opciones que no estaban dadas y, **en este mundo, si no ves las opciones, está en ti crearlas.** Tú tienes la capacidad de hacerlo y, gracias a este libro, las herramientas para crear algo tuyo están en tus manos. Te va a tomar tiempo, pero créenos, vale la pena.

Antes de arrancar, queremos darte un consejo importante: para que tu negocio sea exitoso tendrás que hacer muchos sacrificios sin la garantía de que las cosas van a salir como quieres. Es más, probablemente no saldrán como quieres, y ahí es donde tienes que ser fuerte. Hay muchos elementos que no podemos controlar, pero los que sí podemos dominar son nuestra responsabilidad. **Emprender se trata de ser flexible y estar abierta a aprender, de ser capaz de darles solución a los problemas y ser resiliente.** En todas las etapas tienes que estar muy atenta. La satisfacción de ver tu proyecto nacer y crecer es lo que te va a mantener a flote.

Si tu proyecto te apasiona, los sacrificios no se van a sentir tanto. Emprender tiene que ser divertido; si no, ¿para qué hacerlo? El punto es que encuentres en tu negocio tu pasión y te apegues a ella a pesar de todo. Queremos que tengas la última palabra, que tengas algo tuyo y para ti, y que también con tus acciones puedas ayudar a los demás. ¡Puedes tener la libertad de decidir qué quieres hacer con tu vida y tu negocio sin culpas, reproches ni miedos! **La posibilidad de cambiar tu vida está en ti.**

¡Así que a ponerse las pilas! Nos vemos del otro lado.

PARTE I
PREPÁRATE

CAPÍTULO 1

TU MUNDO, TUS REGLAS

Cierra los ojos e imagina una familia tradicional. Es muy probable que veas a una mamá que se queda en casa y a un papá que sale a trabajar. ¿Por qué? Porque es lo que vimos mientras crecíamos: la mujer se dedica a la casa y el hombre provee. Nos han asignado un rol que nos encasilla y muchas veces nos encierra. Pero ¿por qué confinarnos a ello cuando podemos hacer lo que sea? Las etiquetas y los prejuicios nos ponen el freno de mano y nos impiden llegar a nuestro verdadero potencial. Afortunadamente esto está cambiando, y ahora también, cuando pensamos en la familia, nos imaginamos a las mujeres fuertes y trabajadoras: abuelas y madres que no solo traen la comida a la mesa, sino que, además, cuidan a su familia y ayudan a sus hijos con la tarea. De hecho, datos del Inegi estiman que, en México, actualmente, hay 21 millones de mujeres dentro de la fuerza laboral, y de todas ellas, poco más de 15 millones son madres.

Sin embargo, debemos aceptarlo: México sigue siendo un país machista. Las mujeres en la fuerza laboral se enfrentan a un montón de problemas que no deberían suceder: acoso sexual en la oficina, salarios más bajos que los de los hombres, menores oportunidades de crecimiento profesional, despidos por maternidad, falta de programas de crianza y la lista sigue. Tal vez esto se deba a que hay pocas mujeres al mando. Según Eugenio Gómez Alatorre, exdirector del Centro de Investigación de la Mujer en Alta Dirección (CIMAD) del IPADE Business School, solo 18% de las mujeres tiene un cargo de dirección en las empresas mexicanas que cotizan en bolsa (Herrera, 2020). Esto tiene poco sentido si consideramos que las mujeres somos 40% de la fuerza laboral. La falta de mujeres en estas posiciones de poder origina la poca prioridad que se le da a nuestras necesidades específicas.

LA MUJER PASA POR VARIAS ETAPAS EN SU VIDA, Y SUS PRIORIDADES CAMBIAN DEPENDIENDO DE LAS CIRCUNSTANCIAS QUE ATRAVIESE (LA VIDA

COMO ESTUDIANTE, EL
MATRIMONIO, DIVORCIO,
MENOPAUSIA, ETC.). ES
NECESARIO RECONOCER QUE
TENEMOS LA CAPACIDAD
DE REINVENTARNOS EN
CUALQUIER MOMENTO, SIN
LIMITACIONES CULTURALES
O DE ESTEREOTIPOS.
APRENDAMOS A PEDIR
LAS COSAS CUANDO LAS
NECESITAMOS.

Es tu mundo, tú decides tus propias reglas. Anímate a romper con esos patrones que nos han hecho topar con pared durante tantos años; al menos en tu pequeño pedazo de realidad, tú tienes el control. Puede ser que finalmente consigas ese sí del inversionista que invitaste a tu negocio, o que te dividas mejor el trabajo del hogar con tu pareja para que puedan trabajar los dos. Si no lo pruebas, nunca lo sabrás.

De miedos, nada

Sabemos lo que estás pensando: ¡Qué miedo, nunca he hecho esto! Y sí, da mucho miedo, pero es un sentimiento que te puede impulsar a conseguir resultados increíbles. Nosotras estuvimos en esa situación y, tras ver a miles de mujeres emprender sus propios negocios, hemos comprendido que hay **dos miedos**

fundamentales que casi todas compartimos y que es preciso superar una y otra vez en el proceso del emprendimiento:

1. El miedo a fallar. *¿Y si esto no funciona?* Pues aprendes. Las mujeres pocas veces nos permitimos fracasar. Sentimos como si nos dijeran: *Bueno, te damos permiso de que hagas esto, pero tiene que ser un exitazo luego luego.* Tenemos una presión social gigante por ser perfectas: la mamá perfecta, la empresaria perfecta, la hija perfecta, la estudiante perfecta y, por supuesto, siempre vernos perfectas. Es cansadísimo y perdemos muchas oportunidades por el miedo a no ser «como debiéramos» y a decepcionar a los demás (y a nosotras mismas). Si callamos esas vocecitas, poco a poco, podremos ver nuestro verdadero potencial y el de nuestra empresa. Está bien si no sale bien, está bien si nos equivocamos. Si no lo hiciéramos, nunca aprenderíamos.

2. El miedo a lo que sucederá si llegas a ser exitosa en tu negocio. Es como si no nos imagináramos ni siquiera la posibilidad de que podamos prosperar en nuestro empeño. *¿Cómo que mi negocio de pasteles puede crecer? Y si esto sucede, ¿cómo le voy a hacer? ¿Y mi familia? ¿Se destrozaría?* Es cuestión de confiar en ti misma, de saltar al agua sin miedo. Cuando menos te das cuenta, ya estás del otro lado.

La primera vez que nos sentimos emprendedoras de verdad fue con Lady Multitask. Como te contamos al principio, habíamos emprendido otros proyectos antes, pero no fue sino hasta que verdaderamente nos responsabilizamos por nuestra empresa que todo cambió. Lady Multitask es nuestra y de nadie más. Ya no había ninguna dependencia. Esto no significa que no pudiéramos pedir ayuda, pero es muy diferente pedir consejo a pedir permiso, o dejar el asunto en manos de otros. Algunos familiares nos decían: «¿Por qué hacen esto? Ni les están pagando». No fue sino hasta que decidimos romper con estas nociones, despojarnos de los miedos que nos detenían y adueñarnos 100% de nuestro emprendimiento que el proyecto realmente despegó.

Debes estar dispuesta a recorrer el camino para ver en dónde están tus nudos, de lo contrario nunca sabrás hasta dónde puedes llegar. Dicho eso, **se trata de disfrutar este proceso y permitir que te emocione.** Que eso que te da una lanita extra se formalice para llegar a ser un gran negocio. En cuanto decides que tu emprendimiento es un proyecto serio, aunque lo hagas a tu tiempo o desde casa, ya estás haciendo las cosas de otra manera (y la pandemia nos vino a reforzar esta idea a todos). Y a medida que tú respetes tu trabajo, los demás también lo van a hacer.

Una táctica útil para hacer frente a los miedos que nos sobrecogen es pensar en todas las ventajas de hacer eso que tememos: **al emprender y ser económicamente independiente tus posibilidades se vuelven infinitas.** En algunos casos, esta independencia puede significar un cambio radical de vida. Pongamos un ejemplo. Las cosas no van bien con tu pareja o tu familia. Quieres romper lazos e independizarte o

divorciarte, pero si no tienes con qué mantenerte después, la decisión se vuelve mucho más difícil; piensa
en esta independencia económica como un salvavi-
das. No hablamos de empoderamiento, pues el poder
siempre lo has tenido tú. El objetivo es fomentar que
la información es poder y que radica en tres pilares
fundamentales: libertad financiera, de conocimiento
y de pensamiento.

Es cierto que el sistema laboral no está hecho para
nosotras —¡porque no lo construimos nosotras!—, pero
el emprendimiento es una vía que nos permite cambiar
eso: estamos abriendo el camino para nosotras y, lo
más importante, estamos abriendo camino también
para las que vienen.

Tus propios parámetros

Olvídate de lo que la gente o la sociedad piensen o no
de ti. Tú debes tener tu propia definición de éxito, lo
que para ti es ser una mujer independiente, poderosa y
dueña de su vida y su negocio. Desde ya te lo decimos:
no es posible agradar y complacer a todo el mundo.
**Pero no necesitas la aprobación y reconocimiento
de nadie. La única persona que te puede dar un
valor eres tú, y para conseguir cualquier objetivo,
primero tienes que valorar todo lo que está en ti.**

PILARES
DE LA MUJER INDEPENDIENTE:

- **Autonomía:** Lo que opinen los demás está de más, como dice esa canción de Mecano. No te dejes llevar por los mandatos de la sociedad, ni lo hagas por imposición. Haz lo que quieras hacer cuando quieras hacerlo. La única dueña de tu vida eres tú.
- **Egoísmo:** Esta palabra puede sonar fuerte, pero encierra un concepto fundamental en el proceso de empoderamiento: si quieres ayudar a otros, enfócate primero en ayudarte a ti. Si no puedes estar bien tú, los que están a tu alrededor, tampoco. Prioriza tu desarrollo personal.
- **Cero culpabilidad:** A menudo, ser una mujer independiente y en busca de sus sueños viene con mucho sentimiento de culpabilidad. Puedes sentir que estás «dejando» algo por seguir tus sueños, pero esto solo te obstaculiza el camino. Haz las cosas con convicción y confianza.
- **Comunidad:** Rodéate de mujeres que estén dispuestas a apoyarte como tú a ellas y verás cómo es mucho más fácil seguir. Si tu círculo de amistades te juzga, o tu familia no está de acuerdo con lo que haces, busca personas que tengan las mismas convicciones y valores que tú.

- **Fuera de control:** A veces, nuestra obsesión por la perfección nos puede causar mucho estrés. No puedes controlar todo lo que sucede a tu alrededor, y aceptarlo es muy liberador. Enfócate en lo que sí puedes cambiar y es tu responsabilidad, lo demás está fuera de tus manos.
- **No compares:** Todas somos diferentes y cada quien tiene sus propios problemas. Por más que pienses que la vecina tiene la mejor vida, es probable que también tenga sus obstáculos y temores. Nadie es perfecto y nadie puede serlo.
- **No hay fórmulas:** Cada camino es diferente. Cada una de nosotras va a pasar por experiencias únicas que compondrán nuestra propia historia. No hay una sola forma de hacer un proyecto, y tú tienes que descubrir la tuya. Confía en tu proceso.

Cuestión de límites

¿Alguna vez has deseado que el día tuviera más horas? *¡Tan solo dos horas más podrían hacer milagros!* Muchas de nosotras vivimos en una permanente sensación de angustia y frustración; sentimos que tenemos tantas cosas que hacer en el día a día que no alcanzamos a hacerlo todo: hijos, escuela, negocio, trabajo, casa, salud, vida social... parece un cuento que nunca acaba. Tenemos demasiados frentes que atender y por muy *multitask* que seamos, a veces perdemos la batalla contra el tiempo. Ante este escenario, es normal que te preguntes: *¿a qué hora voy a emprender un negocio si ni siquiera me alcanza el tiempo para cumplir con lo básico?*

Claro que se puede tener un negocio y una vida equilibrada, sin descuidar tus relaciones y responsabilidades, disfrutando de la vida y —lo más importante— cuidando de ti... siempre y cuando **aprendas a poner límites.**

¿Cuántas veces has contestado un mensaje del trabajo después del horario laboral o durante una comida familiar? La posibilidad de estar constantemente conectados nos ha traído muchas ventajas, pero también hace más difícil poner ese *¡alto!* que tanto se necesita para vivir una vida en equilibrio.

Sobre todo cuando emprendemos, es común que la frontera entre lo laboral y lo personal se desdibuje. Lo malo es que al perder tus límites te descuidas a ti misma. Tu vida laboral empieza a carcomer cada espacio de tu día. Aunque sea tu negocio y lo consideres una parte esencial de tu vida, recuerda que sigue siendo trabajo. Si no aprendes a poner límites, tu productividad disminuye, te sientes cansada, estresada y de mal humor, lo que, entre otras cosas, afecta tu negocio y tu capacidad de tomar decisiones importantes. Parece paradójico, pero **entre más logras separar tu vida privada de la laboral, mejor te irá.**

TIPS
PARA EMPRENDER
SIN PERDER LA CABEZA:

- **Maneja tu tiempo:** Ten claras las actividades en las que inviertes horas (desde meter la ropa a la lavadora, hasta empaquetar tu producto) y piensa de qué maneras puedes hacerlas de forma más eficiente. Tal vez sean cambios pequeños que, sumados, puedan darte mucho más tiempo a fin de cuentas.
- **Acostúmbrate a hacer listas:** Así de simple. Todas las mañanas haz una lista de lo que tienes que hacer en el día. No importa si es un compromiso familiar o de trabajo. Lleva un calendario y anota los tiempos que vas a designar a cada actividad. Establece un orden por prioridad. Tacha lo que vayas haciendo.
- **Reduce la cantidad de compromisos y minimiza las interrupciones:** En México somos especialmente buenos para platicar y echar el cotorreo en juntas o llamadas de trabajo. Si logras minimizar esto y vas directo al grano, puedes ganar mucho tiempo. También evita la famosa «juntitis»; hay asuntos que se pueden decir en un correo electrónico, no siempre es necesario reunirse a discutir.

- **Aprende a decir «no»:** Este es quizás uno de los aprendizajes más importantes para todos los ámbitos de la vida. Si no tienes tiempo para algo o no te dan ganas de hacerlo, en realidad es mejor decir que no desde el principio. Cada «sí» que le das a los demás cuando no quieres hacerlo es un «no» que te dices a ti misma. Practica, ve poco a poco y verás que cada vez se hace más fácil.

- **Delega:** Ten la confianza y la madurez para pedir ayuda cuando lo necesitas. No tienes que hacerlo todo tú. Hay personas a tu alrededor que están para ayudarte, confía en tus redes de apoyo y deja que hagan su trabajo para que tú puedas hacer el tuyo.

- **Deja el trabajo en la oficina:** Respeta los límites de espacio y tiempo entre tu vida laboral y personal. El trabajo es una cosa, y tu vida es otra. Cuando salgas de la oficina o apagues tu computadora de *home office*, da mental y físicamente el día laboral por terminado.

- **Lleva un estilo de vida saludable:** El estrés de emprender es alto, no te lo vamos a negar. Hay mucho por hacer, poco tiempo y a veces poca ayuda. Por eso es indispensable que encuentres formas de liberar el estrés. Ejercítate y ten una buena alimentación porque solo tienes un cuerpo y necesitas cuidarlo para disfrutar y poder seguir trabajando.

> • **Dedica al menos una hora al día solo para ti:** Separa un espacio del día para hacer algo que te guste: ver la tele, escribir, salir a caminar o comerte un postre delicioso, por ejemplo. No dejes que nadie te quite ese tiempo, y sobre todo, no te lo quites tú. Considéralo sagrado e igual de importante a cualquier junta o compromiso que tengas en tu agenda. Si tú no respetas tu tiempo, no puedes esperar que los demás lo hagan.

La importancia de la comunidad

¿Has escuchado ese dicho horrible de «Mujeres juntas, ni difuntas»? Pues nosotras somos el otro lado de la moneda, el vivo ejemplo de que eso no es verdad. Nuestro éxito ha surgido por el poder que tenemos las mujeres cuando nos unimos. **Si a una mujer le va bien, a la comunidad también: a sus amigas, a sus hermanas, a sus primas y socias... a todas.** Es como vernos en un espejo: *si ellas pudieron, todas podemos.* Te permite darte cuenta de que no eres la única que está en este camino, que alguien ya pasó por los problemas y obstáculos que tú enfrentas ahora y que hay vías para resolverlos que quizá nunca imaginaste.

Trabajar dentro de una comunidad trae muchos beneficios a tu vida como emprendedora. Por un lado, te da un grupo de personas en quienes apoyarte y de quienes inspirarte, pero va aún más allá. Te permite hacer *networking* y crear relaciones sociales y de ne-gocios con sus demás miembros, e indirectamente, con los conocidos de esos miembros adicionales también. Habrás escuchado que **una está solo a siete grados de separación de cualquier persona en el planeta: si quieres llegar a alguien, solo tienes que hacer ese caminito de relaciones y las oportunidades se multiplicarán.**

Ahora bien, esto no sucede de forma inmediata, sino que hay que saber cómo preguntar. En este mundo hay muchas mujeres exitosas que están dispuestas a compartir sus experiencias y a decirte por dónde sí y por dónde no. También, al pertenecer a una comunidad como Lady Multitask, por ejemplo, tienes la oportu-nidad de preguntar a personas fuera de tu círculo y a emprendedoras de todas las edades qué han hecho ellas, lo cual te permite darte a conocer, abrirte a nue-vos mercados y obtener retroalimentación sumamente valiosa sobre tus proyectos.

Lo importante es que tú misma identifiques cuál es tu comunidad y te integres a ella. **Algo muy im-portante cuando estás haciéndolo es contemplar que haya diversidad de opiniones y perspectivas. También, que sin importar cuál sea tu comunidad, esté dentro y fuera de lo digital.** Al fin de cuentas somos seres sociales, y aunque miles de empresas se han creado y han explotado por Instagram o Facebook, y ahora TikTok, conocer quiénes están detrás de la empresa y establecer relaciones interpersonales con ellas te da confianza.

El poder está en ti y en las personas que te rodean. Como lo hemos mencionado antes, y lo seguiremos diciendo hasta el cansancio: *las amigas de tus amigas son tus amigas.* Si tú creces, yo crezco; si tú prosperas, todas prosperamos. Entender eso es una verdadera revolución.

CAPÍTULO 2

EMPRENDER ES UN ESTILO DE VIDA

Ahora sí, vamos a lo bueno.

Probablemente has escuchado la palabra «emprendimiento» en todas partes. Libros, maestrías, carteles... Y es que en realidad es mucho más que solo un concepto de moda: emprender es un estilo de vida. **Ser emprendedora, en palabras simples y claras, es identificar oportunidades,**

tomar riesgos y decisiones para crear un negocio, o varios. Es un estado mental.

Puede que en este momento ya tengas un emprendimiento en mente o que apenas tengas las ganas de empezar algo. Cualquiera que sea tu caso, lo primero es que te reconozcas como una emprendedora, como una persona de acción. Desde ya tienes que saber que ese es tu título. **Las emprendedoras hacen, no solo idean.** Se enfocan en encontrar un negocio con base en sus capacidades personales. Habrá quien tenga creatividad, quien tenga herramientas, quien tenga el dinero para fondearlo… El punto es que tomes lo que te hace única y lo explotes al máximo. Tus ideas valen, hay que ponerlas en juego sin miedo. Las mujeres valientes son las que emprenden.

El *mindset* de la emprendedora

Algunas veces pensamos que porque no estudiamos algo o porque no sabemos cómo hacerlo no deberíamos dar el siguiente paso, pero la realidad es que nadie nace sabiendo todo y que tampoco tienes que hacerlo sola. Pero eso sí: tu negocio es tuyo. Eres la dueña y la jefa. Una emprendedora es consciente de sus habilidades, capacidades y debilidades, sabe lo que tiene y lo que no. Así que cierra los ojos y piensa muy bien: *¿Con qué puedo empezar? ¿Qué necesito aprender? ¿Puedo conseguir a gente que complemente lo que a mí me hace falta?*

CARACTERÍSTICAS DE UNA BUENA EMPRENDEDORA:

- **Tiene visión de negocio y creatividad:** Se pregunta constantemente: *¿Qué es lo que hace a mi producto o servicio único? ¿Cómo puedo darle la vuelta a algo que ya existe? ¿Esto me puede traer dinero?*

- **Es una buena líder**: Y sabe que serlo no solo significa ser una buena jefa. Tiene inteligencia emocional, empatía y responsabilidad que inspira a los demás. Comprende que los mejores emprendedores son agentes de cambio en sus comunidades.

- **«Perseverancia» es su segundo nombre:** Toma al toro por los cuernos, y aunque se canse en el camino, no deja las cosas a medias. Sabe que un emprendimiento es un maratón, no un *sprint*. Sigue, sigue y sigue.

- **Tiene confianza en sí misma:** Se considera capaz de llevar su negocio a dondequiera. Aprende en el proceso y está dispuesta a equivocarse mil veces, pues sabe que serán mil maneras de aprender cómo no se hace.

- **Una buena emprendedora es pa-cien-te:** Sabe que no va a empezar a ganar dinero en la primera semana, ni en el primer mes. Se apega a su propósito y confía en que con un poco (o mucho) de paciencia, el proyecto se dará.

- **Sabe vender, y si no sabe, aprende:** No separa el vender del emprender. Entiende que no hay dos sin uno.

El objetivo es generar valor que se pueda traducir en negocio. La cadena va así: si generas valor, creas oportunidades de trabajo (para ti y para los demás); al crear esas oportunidades se mejora la economía; y si se mejora la economía, hay bienestar social. El trabajo de una emprendedora es esencial. No es solo una cuestión de ganar dinero para que tú puedas progresar, sino que a la larga ayuda a la comunidad y, a una escala macro, también al país.

Ser tu propia jefa

Ah, el sueño. Aunque es paradójico, porque al ser tu propia jefa tienes mucha libertad, pero también mucha responsabilidad. La mayoría de las veces trabajas más que la gente empleada, pero eres dueña de tu agenda. Tú pones tus propios límites, defines tu propio valor y el de tu negocio, puedes trabajar desde donde quieras, tienes libertad de decisión. **Te reta en muchos sentidos, pero también te permite vivir un proceso de crecimiento personal a la par del de tu emprendimiento, que es de lo más satisfactorio.**

Pero antes de llegar a eso, repasemos un poco de teoría. En el mundo de los negocios hay que definir bien quién y qué queremos ser. Si verdaderamente quieres ser tu propia jefa y una emprendedora que tiene independencia económica, lo primero es saber dónde estás parada en este momento, como te adelantamos en el apartado anterior. Para esto hay una herramienta buenísima ideada por Robert Kiyosaki: el cuadrante del flujo del dinero. Kiyosaki escribió un libro que así se llama, y en él explica que hay diferentes tipos de personas en la fuerza laboral y las acomoda en un cuadrante como el siguiente:

EMPLEADO	AUTOEMPLEADO
Cambia su tiempo por dinero. Tiene un jefe, un horario fijo y un salario con prestaciones. No ofrece ningún tipo de libertad. Su trabajo depende de muchos factores externos y en cualquier momento se puede perder. La mayoría de la población pertenece a este sector.	Genera su propio dinero. Sus ingresos dependen del tiempo que pone diariamente en su labor. No tiene jefes, pero tampoco a alguien que le ayude. Su negocio depende de su talento, su tiempo y los clientes que tenga para producir. No hace equipo.

DUEÑO DE NEGOCIO

Tiene empleados y da trabajo a otros. Tiene un plan de negocios y un método para ponerlo a trabajar y dejarlo caminar. Las cosas pueden andar sin que esté ahí todos los días.

INVERSIONISTA

Tiene un negocio y aparte sabe cómo hacer que el dinero regrese. El dinero trabaja por sí solo y no depende de su tiempo ni esfuerzo. Para generar dinero hay que tener una fuerte inversión. Para ello es importante saber o apoyarse de gente experta en el tema; si no, se corre el riesgo de perderlo todo rápidamente.

¿Ya ubicaste en qué sector del cuadrante estás? Nuestro objetivo es ayudarte a llegar al siguiente. Si eres empleada, puedes ser tu propia jefa. Si ya tienes un negocio pequeño que solo depende de ti, ahora puedes armar un equipo y hacer crecer el emprendimiento.

El salto más grande ocurre entre ser empleada o autoempleada y convertirte en dueña de un negocio. Si bien en las categorías anteriores produces tu dinero y, en el caso del autoempleo, puedes ser también tu propia jefa, no hay nada como tener algo propio y desarrollarlo de la mano de un equipo conformado por gente en quien confías y junto a quienes creces en este proceso. De hecho, escoger con cuidado a la gente que te va a ayudar es esencial para que el negocio marche como una máquina bien aceitada. Independientemente de quiénes sean, siempre hay que tener en cuenta lo siguiente... **valores: ¡esto es lo más importante a la hora de elegir tu equipo!** Tu negocio está compuesto por su gente y los valores que tienen en común, así que necesitas a gente que esté 100% alineada con ellos.

Muchas veces pensamos los negocios y el emprendimiento con frialdad, pero aproximarse a los negocios de una manera empática da mucha más satisfacción y además permite tener un equipo mucho más comprometido. No hay nada más poderoso que la pasión compartida por un proyecto, sobre todo cuando está encabezado por una buena líder. Este proyecto es tuyo y solo tú puedes inspirar a tu equipo. Así que veamos las cualidades de una buena jefa.

UNA BUENA JEFA:

- **Es empática:** Si eres una líder empática, permites que tu equipo crezca contigo. Ser jefa es una responsabilidad, tienes que estar al pendiente de la salud emocional y financiera de tu equipo y tus colaboradores. Por ejemplo, si alguien de nuestro equipo tiene un problema, siempre vemos qué podemos hacer para ayudarla.

- **Tiene inteligencia emocional, siempre está en desarrollo:** Guía a sus colaboradores a objetivos, a resultados, sin nunca perder de vista el crecimiento del negocio.

- **Escucha, comunica y sabe manejar las crisis:** Descubre quién es bueno para qué, en qué puede ayudar al negocio y dónde puede poner en práctica sus capacidades. En Lady Multitask ya llevamos trabajando cinco años con varias de nuestras colaboradoras. Han crecido con nosotras y conocemos qué motiva a cada quién. Conocemos sus capacidades y sabemos qué es lo mejor para ellas y, en consecuencia, para el negocio. Si la gente de tu equipo está contenta, transmite su felicidad al resto.

- **Delega:** Ya que tiene una idea y eligió a las personas que pueden ayudar, sabe delegar y confía en que su equipo sabrá hacer bien el trabajo que le asignaron. Entiende que no tiene que hacerlo todo sola. Por más que tenga ganas de decir: *mejor yo lo hago*, no sucumbe a la tentación, más bien guía a su equipo y deja que aprendan. Siempre pensamos, y más como mujeres, que si nosotros no hacemos las cosas, o no se van a hacer o se van a hacer mal. Ser una buena jefa es aprender a soltar y confiar en el proceso.

- **Aprende de los errores:** Sabe que ella y su equipo se van a equivocar, pero que van a aprender y que solo se trata de ir perfeccionando el proceso. Cuando un bebé empieza a caminar se cae mil veces, y no por eso deja de intentarlo, ¿no es así?

El *home office*

Luego de tres años de que comenzara la pandemia, Lady Multitask y todo su equipo se acostumbró a trabajar en *home office*. Y si algo hemos aprendido es que hacerlo desde casa suena ideal, pero también es un gran reto: es superfácil que los límites entre lo laboral y lo personal se pierdan. No es de extrañar, pues se está haciendo todo en el mismo espacio físico; a veces incluso se come en la misma mesa en que se trabaja, o se lleva la computadora a la cama.

Afortunada o desafortunadamente, según como lo veas, la realidad es que el *home office* se ha masificado. Si antes solo quienes teníamos nuestro propio negocio trabajábamos de esta manera, ahora casi todo el mundo lo hace. Hay quienes están encantadas de la vida con el cambio, pero otras, por el contrario, han encontrado este nuevo estilo de vida agotador y estresante. Sobre todo ha sido difícil para quienes tenemos hijos, pues de repente tuvimos que volvernos maestras, chefs y jefas de juego al tiempo que teníamos que cumplir con nuestro trabajo. Créenos, lo entendemos. Sin embargo, queremos recordarte que el trabajo desde casa tiene muchas ventajas tanto para ti como para el medio ambiente: aumenta la responsabilidad personal (no necesitas a alguien que esté viendo sobre tu hombro qué estás haciendo), te da libertad, es menos estresante y te ahorra el tiempo que de otra manera gastarías en movilidad. **En otras palabras, el *home office* es más cómodo, sustentable, económico y práctico, especialmente si eres una mamá que trabaja.**

Sacar provecho de esta situación será más fácil si logras mantener ciertas rutinas y prácticas. Para que puedas lograrlo, a continuación te dejamos algunos tips.

- **Establece horarios:** Trabajar en casa no significa que no tengas un horario fijo. El día tiene 24 horas, determina cuántas son para dormir, cuántas para trabajar y cuántas para dedicarte a ti, a tu familia y amigos. Si sientes que eres más productiva en la mañana, puedes empezar más temprano. Si es al revés, entonces al contrario. Lo importante es que establezcas horarios y los respetes tal como si estuvieras yendo a la oficina.
- **Designa un lugar en tu hogar para trabajar:** No importa si es un pequeño escritorio a lado de tu cama o si utilizas la barra de la cocina, pero tienes que designarlo como único lugar de trabajo. De esta manera tu cerebro se va a acostumbrar a que ese es «el lugar para trabajar» y te costará menos trabajo concentrarte.
- **Sal de la cama, báñate y vístete:** Por más cómodo que sea trabajar en pijama, el cambiarte de ropa y tomar un baño te mantiene activa y es la mejor manera de iniciar tu día.
- **Invierte en mobiliario ergonómico:** Las sillas que tenemos en casa no están diseñadas para que pasemos largos periodos sentadas en ellas. Esto puede ocasionarte

dolor de espalda o de cabeza. Aunque cueste un poco de dinero, tu cuerpo y tu mente te agradecerán tener una silla que te permita trabajar largas horas.

- **Toma descansos:** Respeta tu hora de comida y descansa cada 25 minutos de trabajo. Normalmente nuestra concentración no dura más que eso, por lo que nos cuesta trabajo concentrarnos si pasamos mucho tiempo en el mismo lugar o haciendo la misma actividad.

- **Disminuye las distracciones:** Comprendemos que a veces es difícil, y más si tienes pequeños en casa, pero trata de seguir tu rutina y enfocarte en el tiempo de trabajo lo más posible. No veas la televisión ni tengas tu teléfono cerca, en la medida de lo posible.

- **Organiza tu espacio laboral:** Si tienes una oficina, hazla tuya. Decórala y mantenla limpia, crea un ambiente cómodo para ti. Si es un escritorio, haz lo mismo.

- **Sal a caminar:** Designa un tiempo del día para salir de tu casa, dar un paseo y dejar que te dé el aire fresco y la luz del sol.

- **Mantén una buena comunicación con tu equipo:** Haz reuniones semanales, físicas o virtuales, donde puedan verse la cara, conversar e interactuar. La distancia no es motivo de separación y es muy importante mantener los canales de comunicación abiertos y funcionales. Es más, organiza una *happy hour* virtual con tu equipo una vez al mes:

estos espacios de desfogue y convivencia informal también contribuyen a que fluya el trabajo en equipo.

- **Finaliza tu día laboral:** Ten un pequeño ritual para cerrar el día (puede ser tan sencillo como cerrar tu laptop y cambiarte a otra zona de la casa, o tan complicado como lo desees). El punto es que sea una señal de que estás respetando tus horarios. Si tu día acaba a las 6, ahí se termina y no respondes mensajes después de esa hora.

Como en todo, no hay mejor maestro que la práctica. Conforme empieces a desenvolverte como jefa encontrarás desafíos que jamás imaginaste y que deberás resolver sobre la marcha. Apóyate en tu comunidad y en las personas que ya han estado en tus zapatos, sus consejos son invaluables. También hay muchísimos libros que hablan sobre liderazgo y que dan buenos tips. Algunos de nuestros favoritos son *Los siete hábitos de la gente altamente efectiva*, *El turno es nuestro* (este es buenísimo porque ni más ni menos está dirigido a mujeres mexicanas), *Ella es la jefa*, *Los grandes líderes no tienen reglas* y la lista sigue. Y en caso de emergencias, una búsqueda rápida en Google seguro te saca del apuro, solo asegúrate de consultar fuentes confiables para obtener información práctica y precisa.

PARTE II
MANOS A LA OBRA

CAPÍTULO 3

ENAMÓRATE DEL PROBLEMA Y BUSCA UNA SOLUCIÓN

Para que un negocio tenga posibilidades de ser exitoso debe cumplir con tres factores fundamentales: satisfacer una necesidad que tengan varias personas, apasionarte y estar alineado con tus habilidades. La ecuación es esta:

NECESIDAD + PASIÓN + HABILIDADES + DISCIPLINA = EMPRENDIMIENTO

Importante: el orden de los factores no altera el producto. Puedes empezar con una pasión que satisfaga una necesidad o satisfacer una necesidad que luego se vuelva tu pasión. No esperes a que un rayo de magia o inspiración llegue a ti y te empuje a hacerlo. Ni se trata de «o tengo toda la pasión del mundo o no tengo nada», ni de «no tengo las habilidades para hacer esto». Mientras avanzas con tu proyecto puedes ir buscando maneras de profundizar en tus habilidades y complementar tu negocio. No te frenes por ello.

Dicho eso, empecemos por el primer factor: **la necesidad.** Es esencial que aprendas a identificar los vacíos que hay en el mercado, que sepas leer las señales y te hagas las preguntas correctas: *¿Cuáles son las crisis, tendencias, cambios en el mercado y nuevas tecnologías que están ocurriendo hoy? ¿Qué podría hacerle la vida más fácil a la gente? ¿Qué se le dificulta? ¿Qué desea y no tiene?*

Las necesidades son esas cosas que le faltan al mercado y que pueden ser oportunidades de negocio. **Si tu emprendimiento satisface una necesidad, puedes estar segura de que vas por buen camino y que tu negocio tiene la posibilidad de florecer y hacerte ganar dinero.** Puedes encontrar necesidades en cualquier lugar. Empieza mirando las necesidades de una persona cercana. Pregúntate: *¿Mi negocio podría ayudarle a solucionar algún problema? ¿Ese problema lo tienen más personas?*

Es cierto que la vida se mueve muy rápido, y que lo que detectas hoy quizás alguien ya lo esté resolviendo mañana, pero es importante que sepas lo que está pasando fuera y te des una idea de para dónde van las cosas. Así como para pescar tienes que salir al mar con caña y anzuelo, la única manera de detectar oportunidades es manteniendo los ojos bien abiertos para «pescarlas». Por ejemplo, Lady Multitask es un aliado padrísimo para detectar necesidades. Hay una comunidad enorme de mujeres que está dispuesta a ayudarte a explorar el mercado. En nuestra comunidad puedes observar lo que la gente pregunta, hacer estudios de mercado y preguntar tú misma lo que necesitas.

Lo mismo sucede en otros grupos: el de tu generación de exalumnos, el de WhatsApp con tu familia, solo es cuestión de buscar. Incluso, muchas situaciones difíciles pueden ser catalizadoras de necesidades. La pandemia de Covid-19, por ejemplo, trajo muchas necesidades al mercado que antes no teníamos.

Ya que detectas una necesidad es más fácil descubrir cómo puedes aportar. Y ahí es donde entra el segundo elemento: **la pasión.** Supongamos, por ejemplo, que tu pasión es bailar y, haciendo un sondeo, te das cuenta de que no hay muchos estudios de danza donde vives y, en cambio, sí hay muchos niños y niñas que tienen tiempo libre en las tardes y que les gustaría bailar. Ahí está: abres un estudio de baile con clases en la tarde para niños y niñas. Es un ejemplo sencillo, pero ilustra bien el punto.

Ahora bien, Peter Thiel, cofundador de PayPal y emprendedor por excelencia, escribió en su libro, *De cero a uno*, que siempre debemos preguntarnos si la necesidad que queremos satisfacer en verdad tiene la posibilidad de llegar a muchas personas. Esto es a lo que nos referimos. **Para encontrar una necesidad profunda, aparte de estar al pendiente de nuestros círculos y nuestra propia situación, debemos ser capaces de medir el alcance.**

Thiel nos hace preguntarnos lo siguiente: *¿Con qué verdad común no estás de acuerdo?* Una verdad común es algo socialmente aceptado que damos por cierto. Los refranes son un buen ejemplo: «Todos los hombres son iguales», «Detrás de todo gran hombre hay una gran mujer», etc. La verdad común con la que nosotras no estábamos de acuerdo era: «Mujeres juntas, ni difuntas». Se trata de un refrán que se ha repetido tantas veces en nuestra cultura que se convirtió en una «verdad» que pasó de generación en generación sin ser cuestionada. Pero nosotras decidimos reunirnos y hemos demostrado todo lo contrario: se puede conseguir el éxito cuando se construyen redes sanas entre mujeres . Encontramos una oportunidad de negocio en esa «verdad» con la que no coincidíamos, y se convirtió en nuestra pasión demostrar que esa premisa estaba equivocada.

Muchas veces los caminos y las decisiones que tomamos en nuestra vida no están en consonancia con nuestras verdaderas pasiones. Si estudiaste contaduría pero tu verdadera pasión es tejer, no necesariamente tienes que ejercer lo que estudiaste. **Tu pasión te tiene que ayudar a liberar tu potencial, dar significado a tu trabajo y generar un compromiso.** Esta pasión va a ser la que encienda tu espíritu de lucha y te va a impulsar cuando creas que no puedes más. Tener pasión en tu negocio te va a dar la posibilidad de comprometerte más a fondo y tomar las riendas de tu vida.

Ejercicio
Identifica lo
que te apasiona

Pregúntate: *¿Qué es eso que puedo hacer durante horas sin aburrirme? ¿A qué actividades o asuntos dedico la mayor parte de mi atención, energía o dinero?* Escribe cinco respuestas.

1. _____

_____

_____

2. _____

_____

_____

3. _____

_____

_____

_____

4. _____

_____

_____

_____

5. _____

_____

_____

¿Ves algo común en las características que escribiste?
En tus respuestas está la clave de tu pasión.

Ahora bien, no hay que confundir una pasión con un *hobby*. A veces, por más que nos guste algo no somos tan buenas a la hora de hacerlo, nuestras habilidades no son suficientes. Y eso está bien, solo hay que reconocerlo. Si algo te gusta mucho, practica, asesórate, aprende, toma cursos y clases, vuélvete experta. Es indispensable que sepas cuáles son tus **habilidades** (el tercer factor de la fórmula), y cómo pueden ayudar al negocio.

A continuación te dejamos un ejercicio para que tomes en cuenta todas tus habilidades, a lo mejor hay alguna que puedes mejorar o que puede ayudarte a seguir tu pasión.

Ejercicio
Haz una lista
de tus habilidades

Escribe todas las cosas en las que seas buena o que sepas hacer bien.
Ejemplo: *¡Soy buenísima para llevar cuentas y orden en mis finanzas!*

1. _____

_____

_____

2. _____

_____

_____

3. _____

_____

_____

4. _____

_____

_____

5. _____

_____

_____

Mira la lista y pregúntate: *¿Cuáles de esas habilidades podrían servir a mi pasión? ¿A mi negocio? ¿A las necesidades de la gente que quiero satisfacer?*

De nuevo, si ves una necesidad que tu negocio puede satisfacer, pero no tienes claro si te apasiona o si tienes las habilidades, no te preocupes. Tampoco si el caso es el contrario. Hay quienes tienen pasiones que han cultivado toda la vida y hay quienes las van encontrando en el camino. Siguiendo con el ejemplo de las clases de danza, en ese caso fue la pasión la que dio pie a un negocio. Pero no necesariamente tiene que ser así. Una necesidad puede crear una pasión. Nosotros somos un ejemplo de eso: necesitábamos vender y llegar a más personas, y por eso creamos una comunidad y abrimos espacios para mujeres emprendedoras. Cuando lo hicimos, para nuestra sorpresa, nos dimos cuenta de que Lady Multitask nos permitía unir todas nuestras pasiones: conectar, hacer comunidad, equipos de trabajo, viajar y ayudar, entre muchas más.

La clave es encontrar el punto de intersección entre una necesidad que haya que satisfacer en tu comunidad y algo que tú ames hacer y para lo que tengas habilidades. Pensar en qué tiene que haber primero, la necesidad que quieres atender o la pasión y las habilidades para cubrirla, es como pensar qué fue primero, si el huevo o la gallina. Para nosotras, las dos forman un círculo virtuoso que se retroalimenta constantemente. Empieza por el factor que tengas más claro y lánzate.

CAPÍTULO 4

PLANES, PLANES, PLANES

Para poder lograr cualquier meta en la vida se necesita un plan. Las buenas ideas de negocio muchas veces se pueden quedar volando en nuestra cabeza, pero si las ponemos en papel y establecemos pasos estratégicos para llevarlas a cabo, todo cambia. Por eso dedicaremos este capítulo a ayudarte a construir tu plan de negocio.

Un plan de negocio es el mapa de tu emprendimiento, el pilar de tu empresa. Aunque creas que tienes muy claro qué es lo que quieres hacer y cómo conseguirlo, es indispensable plasmarlo todo en un texto. Visualizarlo te va a ayudar a tomar decisiones congruentes, crecer de una manera ordenada y mantenerte fiel a tus ideales. La vida nos puede llevar por muchos caminos, y tener tu plan de negocio claro es lo que te guiará por el camino indicado y te ayudará a salir a flote ante cualquier obstáculo.

El documento que vas a elaborar tendrá toda la información relevante para tu emprendimiento: **misión, visión, objetivos, modelo de negocio, plan financiero, identidad visual, información de tu mercado, plan de marketing, organigrama y proyecciones de resultados,** además de otros puntos que irás añadiendo a medida que avances con la lectura del libro. El objetivo es que, al final, tengas un documento listo para usar como tu guía, y también, incluso, como carta de presentación para inversionistas, si es que decides buscarlos.

Misión y visión: tu brújula y tu punto de llegada

Lo más importante para hacer un plan es tener claridad sobre dos puntos esenciales: *¿Por qué estoy haciendo esto?* y *¿A dónde quiero llegar con este proyecto?* Cuando tengas la respuesta de esas dos preguntas tendrás la misión y la visión de tu empresa. La primera es la motivación de la que partes hoy, en el presente, mientras que la segunda habla del lugar al que quieres llegar, es una proyección a futuro, algo que siempre vas a perseguir. En otras palabras, **la misión es tu brújula y**

la visión es el destino al que quieres llegar. Y estos dos elementos son el principio de tu plan, de tu mapa de negocio. Por eso es indispensable que los tengas muy claros.

Tomemos el ejemplo de nuestra empresa. La misión de Lady Multitask es ser una comunidad internacional de mujeres enfocada en el desarrollo integral, que englobe comercio, consumo local, generación de marcas, movilidad económica y valores. ¿Nuestra visión? ¡Ser la plataforma de mujeres más grande del mundo!

Ahora te toca a ti poner tu misión y tu visión por escrito.

Ejercicio
Escribe la misión y visión de tu empresa

1. _____

   _____

   _____

   _____

2. _____

   _____

   _____

   _____

Ya que tienes tu misión y tu visión bien claras, todo lo demás se tiene que alinear a ellas. Estas dos premisas van a ser tus pilares para establecer metas, escoger tu equipo y crecer, pues entre más claridad tengas en tu emprendimiento, más rápido podrás cumplir con tus metas con base en tu visión. ¿Cómo? Al tener un plan y una estructura bien armada, tendrás seguridad sobre cuál es el siguiente paso y cómo darlo, lo que te permitirá ser más organizada y actuar con mayor confianza, lo cual es más eficiente y evita muchísimos contratiempos. Claro, como todos los planes, es posible que el tuyo cambie: siempre hay atajos, obstáculos y retrocesos. Todos estos movimientos van a modificar tu camino, pero eso no tiene por qué ser malo. Mientras tengas un ojo en tu brújula (misión) y el otro en el destino (visión), mientras esos dos puntos estén claros, seguirás avanzando.

Algo que siempre decimos a las emprendedoras es: **Más vale un plan en servilleta, que nunca comenzar.** Podrías pasarte la vida entera perfeccionando un plan hasta que te sintieras cómoda y preparada para llevarlo a cabo, pero así no vas a llegar a ninguna parte. Acepta que nunca te vas a sentir 100% segura de tu plan, pues siempre va a haber un riesgo a la vista. Y si te quedas esperando a estar segura, nunca vas a emprender nada. El objetivo es que confíes en tu plan, tu brújula, tu meta, y te lances al ruedo. Toma ese riesgo.

Objetivos SMART

Pasemos ahora a los objetivos: las metas que quieres conseguir a raíz de tu emprendimiento. Si la visión es tu punto de llegada, piensa en los objetivos como las paradas que tienes que realizar en el camino para llegar ahí. Hay una metodología buenísima para definirlos, se llama metodología SMART, y es la que te explicaremos a continuación.

Un buen objetivo cumple con cinco elementos, cuyo acrónimo es SMART («inteligente», en inglés). Y es que es importantísimo ser estratégicas a la hora de plantear nuestros objetivos:

*S*pecific (Específicos)

Describen exactamente lo que planeas lograr. Usa verbos de acción: vender, comprar, juntar, recaudar, conseguir, etcétera.

*M*easurable (Medibles)

Proveen parámetros que sirven como herramienta para evaluar si se lograron o no. Es muy útil establecer porcentajes de incrementos, cifras meta, etcétera.

Achievable (Alcanzables)

Están dentro de tus posibilidades. Son realistas.

Relevant (Relevantes)

Ayudan a mejorar tu negocio. Se relacionan directamente con tu misión y visión.

Time-bound (Con limite de tiempo)

Tienen fechas de entrega específicas. Pueden ser a corto, mediano o largo plazo.

Va un ejemplo. Imagina que quieres lanzar una cuenta de Instagram con tips sobre cuidado de salud mental. Tu misión sería: «Transformar la vida de tus seguidoras a partir de una cuenta con contenido valioso y confiable sobre el cuidado de la salud mental»; y tu visión: «Ser la cuenta de Instagram sobre salud mental con más seguidores en México». Un objetivo SMART al principio de tu proyecto podría verse así: «Subir tres posts semanales durante el primer mes para conseguir cien seguidores en la cuenta».

¿Es específico? Sí, no queda duda sobre cuál es el objetivo. ¿Es medible? Sí, hay cifras que permiten cuantificar lo que se desea lograr. ¿Es alcanzable? Sí, tres posts a la semana durante un mes no es descabellado, y conseguir cien seguidores en una cuenta con contenido de valor incluso podría ser conservador. ¿Es relevante? Sí. Responde directamente a tu misión y tu visión y te acerca a conseguirlas. ¿Tiene límite de tiempo? Sí, un plazo de un mes.

Ejercicio
Crea dos objetivos
SMART

1

_____

_____

_____

	SÍ	NO
¿Es específico?	☐	☐
¿Es medible?	☐	☐
¿Es alcanzable?	☐	☐
¿Es relevante?	☐	☐
¿Tiene límite de tiempo?	☐	☐

Ejercicio
Crea dos objetivos
SMART

2

_____

_____

_____

	SÍ	NO
¿Es específico?	☐	☐
¿Es medible?	☐	☐
¿Es alcanzable?	☐	☐
¿Es relevante?	☐	☐
¿Tiene límite de tiempo?	☐	☐

Haz tus deberes: conoce la competencia

Además de la misión y visión de tu empresa, necesitas tener claro qué vendes, a quién se lo vendes, cómo lo vendes y de qué maneras lo que haces es diferente de lo que hacen los demás. Es hora de hacer una radiografía rápida del mercado al cual quieres entrar.

Una vez que has identificado una necesidad y, en consecuencia, una oportunidad de negocio, debes observar quién es tu competencia externa. Es decir, quién está haciendo lo mismo que tú, quién se parece a ti y quién no. Cuáles son esos negocios que se parecen al tuyo, pueden tener los mismos servicios o el mismo producto, pueden satisfacer la misma necesidad o enfocarse en el mismo grupo de gente.

A menos que tengas una idea completamente original (lo cual, a decir verdad, es rarísimo), siempre vas a tener a alguien pisándote los talones. Eso no quiere decir que tengas que buscar un concepto por completo nuevo, no es necesario. **Lo importante es hacer lo que ya hace alguien más de otra manera, con un diferenciador.** Ahí es cuando adquieres una cosita muy importante llamada «valor agregado». Esto es, eso que te hace diferente y te da una ventaja sobre tus competidores. Por ejemplo, si tú tienes una peluquería canina y hay alguien que ofrece los mismos servicios que tú, con los mismos precios, pero tú brindas servicio a domicilio y tu competencia no, ese es tu valor agregado.

81

Te damos un tip al respecto. Además de los servicios diferentes, o de la manera distinta de hacer las cosas, hemos notado que la pasión también es un gran valor agregado. Si un negocio está hecho con pasión, se nota. Si te estás divirtiendo y amas lo que haces, tus clientes lo perciben. Todo esto se ve reflejado en el producto o servicio que estás prestando, y la gente lo ve y se enfoca en eso. Por ello el consejo es: iencuentra tu pasión y disfrútala al máximo!

Investiga y aprende de lo que ya está fuera y observa bien tu negocio, estúdialo y conócelo como la palma de tu mano. Si vendes pasteles, tienes que estar bien informada de lo que está sucediendo dentro de este ámbito. *¿Qué otras pastelerías existen a tu alrededor? ¿Cómo te diferencias de ellas? ¿Qué tiene tu producto que no tengan los demás? ¿Qué es lo que puedes hacer para mejorar?*

Para esto existe un pequeño ejercicio que te puede ayudar a entender el mercado y el contexto de tu negocio. Este análisis se llama FODA y busca identificar las fortalezas, oportunidades, debilidades, amenazas de tu negocio (de las iniciales de estos factores surge la sigla FODA). Es muy famoso dentro de la administración de empresas, aunque es solo uno de miles que existen, y puedes utilizarlo para ayudarte a organizar tus ideas y analizar el mercado.

¿Te animas a que lo hagamos juntas?

Realiza el análisis FODA de tu negocio guiada por las siguientes premisas y anota tus respuestas en el diagrama que aparece más adelante.

PREMISAS
FODA:

- **FORTALEZAS:** *¿Qué es lo que hace fuerte a mi negocio?* Puede ser tu calidad, tu innovación, tus precios... cualquier elemento que te dé una ventaja sobre los demás. Sigamos con el ejemplo de los pasteles. Las fortalezas de tu emprendimiento pueden ser tu sabor, que puedes entregar pedidos el mismo día y que tienes los mejores ingredientes para prepararlos.

- **OPORTUNIDADES:** *¿Hacia dónde puedo crecer?* En esta parte tienes que ver hacia fuera. *¿Qué es lo que están haciendo los demás?* Hacia dónde tiene que ir tu negocio. Tus oportunidades con los pasteles pueden ser: expandir tu negocio de manera *online*, ponerlos en una plataforma de entrega a domicilio *online* o comenzar a hacer galletas y *cupcakes*.

- **DEBILIDADES:** Todos tenemos debilidades. *¿Qué es lo que puedo mejorar? ¿Qué me falla?* Aquí tus debilidades podrían ser: falta de capital humano, que a veces tus pedidos se retrasan o que no puedes hacer más de diez pasteles al día, por el tamaño de tus instalaciones.

- **AMENAZAS:** Esto también es inevitable. La competencia es una amenaza, si tus

productos dependen de algo y si el mercado no es estable, son cosas que no puedes
controlar pero que afectan a tu negocio. Las
amenazas a tu negocio podrían ser: la vecina
que también hace pasteles, o que a veces
no hay en el súper los productos que utilizas.

Ejercicio
Análisis FODA

FORTALEZAS	OPORTUNIDADES
DEBILIDADES	AMENAZAS

Analiza tus respuestas. El objetivo es que mantengas tus fortalezas, crees estrategias para crecer las oportunidades, busques soluciones para las debilidades y desarrolles planes para evitar las amenazas.

Como ves, **a la competencia no hay que verla como un ente malévolo que te impide crecer. Por el contrario, puede ser una palanca que te impulse a ser mejor, o un indicador de que vas por buen camino.** ¿Cómo? Si tu competencia llegó después de ti, eso quiere decir que estás haciendo algo bien, y cuando fuiste tú quien llegó más tarde puedes tomar inspiración de tu competencia y hacer lo mismo, pero a tu estilo. El objetivo es siempre estar en movimiento, como los mercados, que no son estáticos y se renuevan constantemente. Hay unos más saturados que otros, pero siempre hay espacio para la diversidad. En este mundo hay mercado para todo y para todos.

Mira por ejemplo los barrios *cool* de tu ciudad. De seguro tienen varios restaurantes aglomerados en las mismas calles. A esto se le llama clúster, y existe porque a los negocios les conviene tener a la competencia cerca: mientras más gente acuda a esas calles buscando satisfacer su necesidad de alimentarse, mejor para todos los negocios. Eso mismo sucede en los bazares de Lady Multitask: la gente va a ellos preparada para comprar y, entonces, hay más probabilidad de vender y más exposición para los emprendimientos, aun cuando la competencia está en el puestito de al lado.

Tú decides cuánto y cómo te enfocas en la competencia externa. Claro está, sin obsesionarte. Sí, es importante que sepas qué es lo que está haciendo el vecino, pero si vives comparándote y enfocando tu energía en los demás, no vas a poder dedicarles tu 100% a innovar y crear. **Recuerda que emprender significa que tú estás labrando tu propio camino.**

Y la competencia más importante, a nuestro modo de ver, es la interna, es decir, la que tienes contigo misma. *¿Cómo puedo llegar más lejos? ¿Cuál es el siguiente paso para mí? ¿En qué y cómo puedo mejorar?* Mientras te hagas estas preguntas constantemente, seguirás creciendo no solo como emprendedora, sino como persona.

Innova y usa la tecnología a tu favor

Usar la tecnología es mucho más que tener un perfil en las redes sociales. Si lo haces bien, es una herramienta que te puede ayudar a hacer más eficientes tus procesos. Para empezar, hay que entender que **la tecnología es un medio, no un fin**; es a través de ella que podemos desarrollarnos.

Cuando hablamos de «tecnología» nos referimos a cosas tan básicas como una tabla de Excel, un correo electrónico, el pago con tarjeta, la facturación electrónica o una página web, o de cuestiones más complejas como una plataforma de *e-commerce* o una aplicación. En todo caso nos referimos a esas ayudas externas que te ahorran tiempo y energía y que en un futuro te van a permitir crecer.

La tecnología es especialmente importante para las micro y pequeñas empresas, pues les permite tener un mejor control de compra y venta, elaborar cotizaciones, llevar registro de compras, inventarios o catálogos. La tecnología te vuelve más competitiva, te permite incrementar tu capacidad de ventas, agilizar procesos, y de esa manera tomar mejores decisiones.

Para poder aplicar de la mejor manera la tecnología es necesario ubicar bien los objetivos de tu empresa. Al principio puedes sentirte intimidada, porque la palabra «tecnología» suena como algo difícil y costoso, pero en realidad hay muchas maneras económicas de aplicarla en tus procesos. Y vale la pena, pues a fin de cuentas, si inviertes en este tipo de conocimientos, tu negocio va a sobrevivir con mayor facilidad y se podrá adaptar al cambiante escenario al que nos enfrentamos.

Mira la cantidad de negocios que tuvieron que usar la tecnología para poder sobrevivir en medio de la pandemia de Covid-19. Muchos restaurantes tuvieron que integrarse a plataformas para poder seguir operando a domicilio, y cientos de negocios tuvieron que emplear ventas por internet. Los negocios que ya tenían este camino recorrido no tuvieron que cambiar tanto su modo de operar.

Otro concepto que va de la mano de la tecnología es la innovación. Siempre hemos escuchado que los negocios innovadores son los que van a crecer. Pero ¿qué es en realidad la innovación? Aunque se oye como algo complicado y costoso, en realidad es mucho más sencillo. **La innovación es la práctica de aplicar nuevas ideas a una actividad o negocio.** Es hermana de la creatividad y puede ser un motor que impulse tu negocio.

PUEDES INNOVAR DE TRES MANERAS FUNDAMENTALES EN TU NEGOCIO:

- **En los procesos y la planificación:** Es decir, en la estructura, en tu plan de negocios, en la manera de hacer *networking*, en la estructura organizacional o en los procesos de gestión.
- **En la oferta:** Esto es, en los productos y servicios que ofrece la empresa. Aquí es donde tienes más poder de ser creativa e innovadora, pues es tu producto el que estás vendiendo. ¿Cómo puedes mejorarlo? ¿Qué podrías crear alrededor de lo que ofreces que sea nuevo y necesario? Piensa en las necesidades de la gente y cómo han ido cambiando. Nada es como lo era hace unos años.
- **En la experiencia:** O sea, en los sistemas de interacción con clientes. ¿Cómo puedes mejorar la manera en la que te conectas con tus clientes? ¿Qué canales de comunicación puedes incorporar? ¿De qué otras maneras puedes captar y utilizar su retroalimentación?

Es probable que si tienes un negocio pequeño no sientas la necesidad de implementar tecnología e innovación en él, pero mientras más lo hagas, más vas a crecer, y también, a medida que tu negocio se expanda, este mismo proceso de desarrollo te va a exigir que lo hagas. No le tengas miedo al cambio, en los negocios es necesario buscar nuevas maneras de moverte. Sí, es cierto, al innovar estás corriendo un riesgo importante, y es muy posible que te equivoques. Por eso, para emprender y ser pionera hay que ser valiente y aprender a tomar lo bueno, y lo no tan bueno, como parte del plan.

Acepta los errores como parte del plan

Tener un plan también te ayudará a vencer tus miedos y a recuperarte cuando cometas un error. Porque vas a cometer varios. Los errores van a ser el pan de cada día de tu proceso como emprendedora, y es tu responsabilidad aprender y convertir esos errores en un aprendizaje. Gracias a iniciativas como Fuckup Nights, un movimiento en donde se comparten historias de fracaso profesional, hemos podido dar a conocer nuestros fracasos, aprender de los de otros emprendedores, y ayudarnos entre todos a partir de ellos. Si no conoces esta iniciativa, te recomendamos investigarla, pues es muy importante hablar del fracaso sin culpa ni vergüenza, más aún en el ámbito laboral. De hecho, cuando te encuentres con cualquier persona de éxito, pregúntale sobre sus fracasos. **Nadie obtiene el éxito sin haberse equivocado.** Quien no está fracasando no está innovando.

Nuestra historia de fracaso la compartimos sin miedo, pues nos dejó un aprendizaje que nunca olvidaremos: después de dos años de estar operando y de haber trabajado muchísimo, nos estafaron. Al principio de nuestro proceso como emprendedoras estábamos llenas de miedos, no creíamos que pudié-ramos hacerlo solas, pensábamos que no teníamos ni los conocimientos ni la preparación ni la experiencia para estar a la altura del proyecto. Había muchas facetas del mundo empresarial que no conocíamos. Fue así que dejamos nuestras finanzas en manos de alguien más en quien creímos que lo haría mejor. No nos sentíamos ni cómodas ni capaces de llevar los números nosotras en ese momento, así que en lugar de preguntar, confiamos ciegamente. Esta persona se robó todo nuestro dinero. Lo único que nos dejó fue un problema inmenso. Teníamos que pagar la nómi-na y no teníamos ni un centavo, tuvimos que recurrir a préstamos y nos quedamos sin paga por mucho tiempo para poder recuperarnos. Fue como un balde de agua fría porque no lo vimos venir.

Cuando empiezas a tener complicaciones, la ten-tación de tirar todo por la borda es muy grande, y el miedo a no querer enfrentar tus errores puede des-viarte de tu camino. Es aquí donde tienes que voltear a ver tu mapa, tu brújula y destino, para superar este obstáculo. Nosotras sabíamos que Lady Multitask era nuestra pasión. No íbamos a irnos sin haber intentado todo lo que estaba a nuestro alcance, y así fue que tomamos la decisión de seguir adelante.

De ese error aprendimos que uno siempre tiene que saber lo que está sucediendo en su negocio. Algo tan importante como es el dinero no puede ser responsabi-lidad de nadie más; ahí es donde mides tus resultados. Claro que puedes apoyarte en otras personas. Si no tienes las herramientas para hacer algo tú, tienes que pedir ayuda a alguien que sepa hacerlo, pero eso no significa que no tengas que estar al tanto de todo lo que sucede y supervisar de cerca.

Haz preguntas a las personas de tu equipo, interésate aunque no entiendas del todo, toma responsabilidad de lo que está sucediendo en tu empresa. Personalmente, después de ese fracaso, decidimos buscar a alguien que nos ayudara a entender nuestros números y así evitar que nos volvieran a estafar. Aprendimos y nos hicimos cargo de nuestras finanzas. Nos hicimos más responsables como emprendedoras y tomamos de nuevo las riendas de nuestra empresa.

No veas tus equivocaciones como un error, velas como una oportunidad de crecimiento. **Cuando te equivoques, busca ayuda y toma acción, elabora un plan a partir de tu error y mejora tus procesos.** Te aseguramos que, si aprendes de esta experiencia, no volverás a cometer los mismos errores. Nosotras dimos todo para mantener a flote nuestro proyecto e hicimos lo imposible para que este error no nos venciera. Tu pasión y compromiso por tu proyecto son ese fuego que te va a ayudar a seguir adelante. No hay manera de evitar los errores por completo, así que no les tengas miedo. Dales la bienvenida y aprende de ellos.

El modelo de negocio: gastos, ganancias y finanzas

Es hora de hablar de cómo vas a generar tu dinero. A veces puede parecer un tema incómodo, pero las ganancias e ingresos son la manera en la que mides el éxito de tu emprendimiento. Te puede encantar lo que haces, pero si no estás generando ganancias de eso, es un *hobby*, no un negocio. De hecho, la palabra «negocio» viene del latín, y significa «sin ocio». Te puede fascinar cantar, pero si tus vecinos se quejan cada vez que prendes el karaoke, tememos decirte que por ahí no es el camino.

El modelo de negocio es la estrategia que necesitas para que el dinero entre y circule dentro de tu proyecto. Hay miles de modelos de negocios, pero el que más se utiliza es el de compra y venta. Es una transacción simple y efectiva que te da los fondos para crear grandes oportunidades de crecimiento.

Tomemos a Lady Multitask como ejemplo. La parte de la comunidad comenzó *online*, sí, pero nuestro modelo de negocio está basado en un modelo híbrido entre lo digital y lo físico. La parte *offline* empezó con los Lady Markets, y las *ladies* que quieren entrar a un Lady Market tienen que pagar por un espacio en el evento, y así es que nosotras sacamos dinero de ahí. En la parte *online*, además de la comunidad, tenemos conferencias virtuales por las cuales se paga, y las dan personas que pueden enseñarnos algo. En ese caso nuestra ganancia está en lo que cobramos por los boletos de acceso. Todas estas actividades, además, se alimentan de patrocinadores y alianzas estratégicas con marcas, lo que también nos representa una ganancia. La publicidad y promoción de marcas nos paga por campaña. Además, tenemos un sistema de membresía: cuando te unes a un grupo no tiene costo, pero si quieres ampliar tu círculo, es necesario pagar un monto.

Como puedes ver, los modelos de negocios tienen varios brazos; son como un río que llega al mar: se van juntando los caudales hasta que tienes un río fuerte. Actualmente en Lady Multitask lanzamos Lady Mall, una plataforma de *e-commerce*, y aunque nos ha costado mucho esfuerzo y trabajo, estamos muy emocionadas y confiadas en que este nuevo caudal nos ayude a que nuestro río corra con más fuerza.

Para que tu modelo de negocio funcione tienes que buscar oportunidades, es decir, las necesidades que quieres atender y las posibles soluciones, tema del que hablamos hace algunas páginas cuando hicimos el FODA. Lo que no te hemos dicho es que esas posibles soluciones hay que probarlas, pues no todas van a dar resultado. En la industria se conocen como pruebas beta y estudios de mercado: preguntar, investigar y observar es vital para que tu modelo de negocio sea funcional. Que no te dé pena, siempre hay personas dispuestas a ayudarte.

Una de las cuestiones más importantes de tus finanzas, si es que tu modelo de negocio se basa en la compra y venta, es el precio de tu producto o servicio. Este factor, además, influye en la percepción que va a tener el consumidor de tu producto. Por ejemplo, si algo es muy caro sin razón aparente, la gente no lo va a comprar, y si es muy barato, el consumidor va a dudar de la calidad. Hay que encontrar el punto exacto, y aquí te vamos a ayudar a hacerlo.

Para definir el precio de un producto es necesario hacerte dos preguntas clave:

1. ¿Mi producto será masivo o no masivo? Es decir, ¿vas a vender un pastel o vas a vender las chispas de colores que se necesitan para decorar los pasteles? El pastel, al ser de producción artesanal, y por lo tanto, no masivo, probablemente será más caro. En cambio, las chispas de colores, que son un producto masivo, se venderán en mayor volumen y, por lo tanto, podrán ser más baratas.

2. ¿Cuánto me costará hacer mi producto? Para calcular cuánto te costará hacer tu producto debes sumar el costo de los materiales, la mano de obra y los gastos fijos y variables.

Materiales. Si vas a hacer pasteles, por ejemplo, estos serían la harina, los huevos, el azúcar, los moldes, las plumas, las libretas, las cajas, las etiquetas, etcétera.

Mano de obra. El tiempo que invertirás en hacer el producto, incluido tu salario.

Gastos fijos. Lo que pagas mes a mes, como el gas, la luz, los impuestos, los gastos contables, etcétera.

Gastos variables. Los imprevistos, como un café para cerrar un trato o un taxi cuando necesitas ir a ver un cliente. Aquí debes tener cuidado, porque de a poco en poco estos gastos pueden hacer un hoyo en tus finanzas.

Ojo, lo anterior va a darte el costo de tu producto, pero no el precio. Este último tiene que ver con el margen de utilidad, o sea, lo que vas a ganar tú por vender el producto. Un margen de utilidad regular es de aproximadamente 10%. Uno increíble es de 20% y uno bajo es de 5%. Aquí tienes que fijarte en los precios que ya están en el mercado. Observa si el tuyo es parecido a los demás, y si no, por qué. Todo debe tener una justificación. A lo mejor estás usando vainilla de Madagascar para el betún de tu pastel y es mucho más cara que la que venden en el súper. Si esto es uno de tus valores agregados y le suma a la calidad de tu producto, el precio está justificado. La fórmula es:

> COSTO DE PRODUCTO
> + MARGEN DE UTILIDAD
> (TENIENDO EN CUENTA LOS
> REFERENTES DEL MERCADO)
> = PRECIO DE VENTA

A estas alturas vas a tener que volverte mejor amiga de una tabla de Excel o de algún programa que pueda albergar todos tus gastos y costos. Tener orden desde un principio te va a ayudar a mantener el control dentro de tus finanzas, y esto te va a ayudar a crecer. Verás que con el tiempo, a medida que innoves, tu modelo de negocios puede llegar a cambiar. Independientemente de eso, hay conceptos que siempre es necesario que tengas en cuenta:

UN MODELO DE NEGOCIO
EXITOSO DEBE...

- **Estar abierto:** Aunque tengas un mercado específico, no te cierres a él. Tanto para los negocios que venden productos para un público masivo como para los que se centran en mercados específicos, el objetivo es llegar a la mayor cantidad de personas posibles.

- **Ser escalable:** Debes tener opciones de crecimiento. Muchas veces algo funciona en pequeño, pero empieza a fallar cuando tu negocio o tus ganancias crecen. A nosotros nos sucedió eso, cuando nos desarrollamos, nuestro modelo de negocio tuvo que modificarse. La posibilidad de escalar te da más libertad de crecimiento.

- **Tener una estructura financiera:** No te asustes, esto es más sencillo de lo que crees. Se trata simplemente de tener un registro de cuándo, en qué y por qué se hacen gastos, cómo vas a reponerlos y cómo vas a generar utilidades. Para una estructura financiera básica, solo tienes que crear una tabla de Excel con dos columnas: ingresos (dinero que entra) y egresos (dinero que sale). El objetivo es que haya más ingresos que egresos para que puedas tener una utilidad.

- **Ser innovador:** Ve qué posibilidades tiene tu negocio más allá de las obvias, observa qué está haciendo la competencia y ofrece algo distinto, mejor.

Cuando se trata de tu negocio, un gasto es una inversión. Muchas personas se frenan en el proceso de emprendimiento por no tener el dinero de la inversión inicial. Esto es, el capital que tienes que meterle a un negocio para empezar y que se destina a la compra de materiales, los gastos de formalización, la nómina del equipo de trabajo, el sueldo del contador, etc. Normalmente es necesario invertir una suma considerable para empezar, no lo vamos a negar; sin embargo, estamos aquí para decirte: ¡es posible empezar con poco dinero!

No te agobies si no lo tienes todo desde un principio, aunque lo mejor es que el capital de inicio provenga de ti para garantizar más independencia, siempre hay opciones de financiamiento. Por ejemplo, están los **ángeles inversionistas**, personas que tienen el dinero para invertir en tu negocio, pero muchas veces te piden una parte de él para minimizar riesgos, y más si tu negocio es nuevo. También puedes pedir un **crédito bancario**, y en algunos casos puedes hacer el famoso *crowdfunding*, la recaudación de fondos en línea de persona a persona. Ten en cuenta que para buscar inversionistas ya debes tener el plan de negocios completo y un *pitch* para venderlo. Más adelante te enseñaremos cómo vender tu producto y construir una narrativa para conseguir lo que necesitas.

Ya que tienes el modelo de negocio, el precio de tu producto, y lo estás vendiendo, debes saber qué vas a hacer con el dinero que llegue a tus manos. Al principio probablemente no veas muchas ganancias para ti, pues es necesario recuperar la inversión inicial. Debes tener un plazo de recuperación; por ejemplo, si vendes cien pasteles al mes a este precio, en los primeros seis meses vas a recuperar tu inversión inicial. Esta proyección te va a dar una pauta y una guía dentro de tus finanzas.

Una vez que hayas recuperado este dinero, las ganancias las puedes destinar a otras cosas, incluyendo la reinversión. Esto es, dinero que ganas y que inviertes de vuelta en tu negocio para mejorar procesos, tecnología, calidad, comunicación, etc. Dinero que utilizas para seguir expandiendo tu negocio. Una regla importante de la reinversión es: **por lo menos 10% de tus ganancias tienen que regresar a tu negocio a manera de inversión.** Ahora bien, reinvierte solamente si tu negocio te está dando un sobrante. No hay atajos ni remedios milagrosos. Si tu negocio no está generando las ganancias que necesita para subsistir, es momento de cambiar desde el fondo el problema y no parchar con inversiones. Pausa, reevalúa y define un nuevo plan a seguir.

Otra parte del dinero que ganes debe ser destinada al **ahorro.** Uno nunca sabe lo que puede suceder, y tienes que estar preparada para cualquier emergencia. Los ahorros pueden ayudarte en caso de imprevistos y garantizan que tu negocio tenga más posibilidades de sobrevivir si por alguna razón entraras en un periodo de pocas o nulas ganancias.

Dicho todo lo anterior, es importante que tengas la ayuda de un contador. Como lo hemos mencionado antes, no es necesario que hagas todo tú sola. Hay personas que estudiaron para esto y que su trabajo es ayudarte. Por supuesto debes encontrar a la persona indicada y de confianza, pues será quien conozca todo lo que pasa en tu empresa, quien vea los estados de cuenta y sepa qué dinero entra y sale. Tiene que ser una persona en la que confíes plenamente, que se acople a tus necesidades y que esté dentro de tu presupuesto. Él o ella te dará la pauta para que siempre estés en orden con tus números.

Mientras más sepas de tus ingresos, gastos, y de tu modelo de negocio y empresa, más difícil será que te vean la cara. Si tú sabes que vendes cien cajas de chicles y cuánto te cuesta hacerlas y venderlas, podrás entender qué es lo que está sucediendo dentro de tu empresa, aunque no seas una experta financiera. Un contador va a estar ahí para apoyarte en decisiones, ayudarte con el SAT, subir facturas y pagar impuestos. **Te lo repetimos porque es muy importante: haz preguntas, interésate y mantente al tanto de tus finanzas. Es tu dinero y tienes la responsabilidad de cuidarlo.**

A continuación te daremos algunos consejos para que mantengas unas finanzas saludables. Algunos ya los hemos mencionado, pero vale la pena repetirlos para que tu dinero se multiplique y no tengas problemas en un futuro.

10 MANDAMIENTOS
DE LAS FINANZAS SALUDABLES

- **Separa tus cuentas personales de las de tu negocio:** Esto es muy importante. Tu vida laboral no es tu vida privada. Asígnate un sueldo y respétalo.
- **Reinvierte tus utilidades:** Utiliza parte del dinero que ganes para mejorar tu negocio. Esto permitirá que tu emprendimiento crezca y se mantenga en el tiempo.
- **Elabora y ejerce un presupuesto:** Haz tus proyecciones financieras y apégate lo más que puedas a ellas. Es importante designar un presupuesto a cada cosa para que no haya un desajuste. Los gastos, por pequeños que sean, tienen que registrarse y deben tener una justificación.
- **No gastes más de lo que ingresa:** Esto puede sonar obvio, pero muchas veces no lo es. Métetelo en la cabeza: el dinero que tienes ahora es el único que puedes gastar.
- **Revisa cuidadosamente los ingresos y egresos:** Tú ya sabes cómo funciona el negocio; si ves algo raro, pregunta e investiga.
- **Ofrece productos de calidad:** A veces, cuando el negocio comienza a crecer o no hay suficiente dinero, puede ser tentador bajar la calidad de tu producto para ahorrarte dinero. Esto es contraproducente, pues puede

hacer que pierdas a tus consumidores. La única manera de hacer crecer la economía es con productos de calidad.

- **No escatimes en la asesoría profesional:** Hacer todo por ti misma para ahorrar dinero puede ser contraproducente, y te saldrá más caro. Mejor contrata a gente experta en áreas donde tú no lo eres: un contador, un notario y un abogado son esenciales para que tengas un negocio saludable.
- **No malbarates tu producto:** Véndelo al precio que es justo, no a uno menor. Valora lo que haces. Malbaratar tu negocio da la idea de que no vale lo que cuesta.
- **Establece una política de precio y cobranza clara:** Aprende a cobrar. Muchas veces a las mujeres nos cuesta trabajo pedir lo que queremos, y más cuando se trata de dinero. Quítate esa maraña de la cabeza y aprende a pedir las cosas. Tener una buena política de cobranza es esencial para que tu negocio crezca. No importa si tus clientes son tus amigas o tu familia, siempre hay que tener las cuentas claras. Escribe todo lo importante, haz contratos por más sencillos que sean, deja todo claro desde un principio para evitar malos entendidos y malas experiencias.
- **Mantén un buen flujo de efectivo:** Esto es otra manera de decir: ¡ahorra!

Son consejos muy lógicos, pero que a veces olvidamos. Si sigues estos mandamientos y tienes la ayuda de un contador, te aseguramos que tu emprendimiento tendrá más posibilidades de prosperar. No te asustes ni te desesperes, esto es un proceso de aprendizaje.

Para terminar, te proponemos un ejercicio que resume todo lo que has aprendido en este capítulo:

Ejercicio
Elabora tu
plan de negocio

Completa la siguiente lista con la información que tienes hasta ahora de tu negocio. Si aún no la tienes completa, no te preocupes, puedes volver a esta página a medida que avances en la lectura del libro y vayas teniendo más claridad sobre los distintos puntos.

1. Nombre del negocio:

_____

_____

_____

_____

2. Descripción:

_____

_____

_____

3. Misión:

_____

_____

_____

4. Visión:

_____

_____

_____

5. Objetivos a corto plazo:

_____

_____

_____

_____

6. Objetivos a mediano plazo:

_____

_____

_____

_____

7. Modelo de negocio:

_____

_____

_____

CAPÍTULO 5

EL CLIENTE ES TU MEJOR AMIGO

Una de las partes más importantes de tu negocio es tu consumidor. Sin esa persona tu negocio no existe. Necesitas tener muy claro quién es y por qué está comprando tu producto o servicio. Normalmente cuando piensas una idea ya tienes en mente al consumidor, pero mientras más especializado sea tu producto, más especializado va a tener que ser tu mercado. **El *target* es la fracción objetivo del mercado a la que le quieres vender tu producto.** Está compuesto por los clientes que ya consumen tu producto y por tus clientes potenciales. Mientras más conozcas a tu público, podrás tomar mejores estrategias de venta y mejores decisiones en cuanto a tu producto o negocio.

Tener un *target* bien establecido te va a dar la capacidad de ser asertiva con la publicidad, el tipo de productos que integres y la comunicación que utilices. No es lo mismo hablarle a alguien de 60 años que a alguien de 15. Esto puede parecer obvio, pero es muy importante crear estrategias dirigidas a los consumidores potenciales. Tener un *target* amplio puede ser complicado, porque no puedes crear una estrategia general. Piensa en lo que te gusta comprar y analiza por qué: por ejemplo, si tienes la piel grasa y con tendencia al acné, vas a querer una crema que diga «crema para piel grasa y tendencia al acné», no una que solo diga «crema hidratante». Al crear un vínculo personal es más probable que los consumidores compren y regresen. En consecuencia, es más efectivo crear una estrategia de venta específica para tu *target*, que algo demasiado amplio. **No trates de abarcarlos todos, un producto exitoso tiene un *target* definido.** Es posible ampliar o acotar el *target*, pero debes tener en cuenta que estos cambios tienen que venir con un análisis y tener una justificación.

Existen varios niveles de especialización del *target*: el mercado, la segmentación y el nicho. El mercado es el *pool* general al que puedes llegar, lo más amplio; la segmentación es la acotación de ese mercado, la forma en que lo divides, y el nicho es la pequeña fracción del mercado a la que le puedes vender. En Lady Multitask, por ejemplo, nuestro mercado son las mujeres, nuestra segmentación son las amigas de nuestras amigas, y nuestro nicho son las emprendedoras.

Encuentra tu nicho de negocio

A continuación te contamos los pasos que puedes seguir para definir a tu consumidor.

1. Descubre en qué mercado quieres actuar. Piensa en cuál sería tu consumidor ideal. ¿Qué características tendría? Crea tu propio consumidor ideal. Por ejemplo, si vendes accesorios para el pelo, tu consumidora ideal podría estar entre 15 y 40 años, tener el pelo largo, ser fan de la moda y ser muy activa en redes sociales. Aquí puedes dejar volar tu imaginación, solo asegúrate de que la persona que imagines exista en el mundo real y sea alcanzable. Ten en cuenta que este consumidor ideal no será la única persona a la que le ofrezcas tu producto.

2. Identifica un problema de ese mercado. Al identificar el problema, puedes delimitar tu *target*. No todos tienen los mismos problemas, y no todos lo solucionan de la misma manera. Siguiendo con el ejemplo del punto 1, piensa en qué tipo de accesorio para el pelo le falta a las mujeres de pelo chino, por ejemplo. Esta segmentación es más específica que solo «mujeres jóvenes con el pelo largo», y te ayuda a crear estrategias para ese mercado.

3. Evalúa tus conocimientos sobre el *target* y afina la definición del nicho, o cámbialo. Si tu *target* es especializado, debes tener un conocimiento pleno de ese público. Por ejemplo, los accesorios para mujeres con pelo chino están dirigidos a un nicho bastante específico, así que tienes que saber lo que estás haciendo, y hacerlo muy bien. Si un *target* no es tu especialidad, es mejor que no te cierres a él, o que veas qué puedes hacer para ahondar en tus conocimientos sobre ese nicho.

4. Vive lo que hablas, sé tu propio caso de éxito. Aunque tú no necesariamente tienes que pertenecer a tu nicho o *target*, tu producto te tiene que gustar a ti y tienes que usarlo tú también. Tienes que ser la mejor embajadora de lo que vendes.

La división de los mercados

Los mercados se pueden dividir en tres perfiles: el demográfico, el sociocultural y el digital. Veámoslos en detalle.

1. Perfil demográfico
Tiene que ver con la edad, el género y el lugar en donde se encuentran tus consumidores. Pregúntate: *¿Qué edad tienen mis consumidores? ¿Son mujeres u hombres, o ambos? ¿En qué zona del país se encuentran?*

2. Perfil sociocultural

Tiene que ver con el nivel socioeconómico y educativo, así como con sus costumbres y valores. Este perfil es sumamente importante, porque al tomar en cuenta estas características, la comunicación con tu consumidor va a ser mucho más efectiva. No es lo mismo hablar con un español que con un mexicano, en cuestión de costumbres, ni con un católico que con un judío. Tampoco es lo mismo hablar con alguien del norte del país que con alguien del centro o del sur. Los códigos de comunicación son diferentes, y por lo tanto debes tener claro cómo y a quién le estás hablando, y ajustarte a su perfil.

Por otra parte, si tu producto es «de lujo» y su precio es mayor a la media, debes saber que las zonas geográficas donde lo vas a vender son muy específicas. Por ejemplo, la Ciudad de México es considerablemente más cara que otros estados de la República. Los sueldos son más altos, y por lo tanto los productos son más caros. Es importante que veas el precio de los productos de tu mercado, como lo mencionamos antes, para que ubiques cuánto es lo que la gente está dispuesta a pagar por tu producto en el lugar donde lo vas a vender. Estudia los sitios donde te gustaría vender y ubica a la gente que va a esos lugares: *¿Cuántos años tiene? ¿Son mujeres u hombres? ¿Qué están comprando? ¿Cuánto cuesta?* Este es un juego de observación.

3. Perfil digital

Es muy importante que te enfoques en el perfil digital de los consumidores. Esto tiene que ver con la edad y la generación a la cual te quieras dirigir, y la manera de venta que más te conviene depende mucho de este perfil. El objetivo de tener un *target* bien cimentado es que tus esfuerzos de venta no sean en vano. Por ejemplo, si quieres vender los accesorios de pelo que pusimos de ejemplo antes, tienes que pensar: *¿A qué generación pertenece mi* target? *¿Qué red social utiliza con frecuencia, si es que la utiliza?*

Tienes que saber que si usas Instagram y TikTok para promocionar tu producto, le estás hablando a los *millennials* y a los miembros de la generación Z. Si usas Facebook o lo haces en persona, le estás hablando a generaciones anteriores. Esto no quiere decir que no puedas vender en todos los canales, pero sí debes ser muy consciente de dónde quieres concentrar tus esfuerzos para hablarle directamente al *target* que estás buscando.

A continuación te presentamos un recuadro para hacerte la vida más fácil con respecto a este tema:

SEGMENTACIÓN DEL *TARGET* POR GENERACIÓN Y EL USO DE LAS RRSS:

- **Maturist:** Nacidas antes de 1945, estas personas son de mayor edad y por lo tanto más tradicionales. Usualmente tienen resistencia al tema digital porque no es algo con lo que nacieron ni lo han utilizado a lo largo de su vida. Estas personas tienen hábitos de consumo mucho más tradicionales, por lo que no podrías venderles algo por medio de redes sociales.

- **Baby boomers:** Nacidas entre 1946 y 1964, estas personas ya están cercanas a la jubilación, o por lo menos ya están pensando en hacerlo. La flexibilidad ante las redes sociales empieza a cambiar un poco y algunas las utilizan más que otras, pero aún les cuesta trabajo. La red social que más utilizan es Facebook.

- **Generación X:** Nacidas entre 1965 y 1978, las personas que pertenecen a este grupo son más adaptables porque les han tocado muchos cambios. Han vivido la revolución digital por completo y entienden que hay una nueva manera de comunicarse, aunque no sean participativos de las redes sociales.

- **Millennials:** Nacidas entre 1981 y 1995, son la primera generación nativa digital. Aunque no necesariamente hayan nacido entre estas tecnologías ni hayan pasado su infancia rodeadas de ellas, las redes sociales son parte de su vida. Muchas personas de esta generación tienen una cuenta en varias de las redes sociales; sin embargo, no están activas en todas.

- **Generación Z:** Nacidas a partir de 1996, las personas de esta generación están inmersas en la vida digital. Utilizan todas las redes sociales y se comunican de una manera diferente a todas las generaciones anteriores. Siempre están activas en lo digital.

Ampliar el mercado

Ahora que ya tienes bien pensado quiénes son tus consumidores, podemos pensar en hacer crecer ese mercado. Esto no significa que tengas que cambiar de *target*, sino que consigas más personas con las mismas características o un mercado secundario. El objetivo es afianzar a los consumidores que ya tienes y mantenerlos contigo, e integrar a algunos adicionales. Piensa, por ejemplo, en el caso de productos para personas con pelo chino. Quizá lanzas un cepillo de pelo buenísimo para desenredar chinos, y resulta que una de tus clientas tiene una amiga con pelo lacio que usa el cepillo y se enamora de él porque al usarlo sufre menos de jalones: ahí hay un *target* secundario. Aunque sea importante el secundario, no debes olvidar el principal: un mercado leal con consumidores que regresan y se mantienen por la comunicación de tu marca, la calidad de tus productos y la confianza que ha establecido a tu negocio para bien. No te dejes llevar por tendencias o modas que cambien tu *target*. **Las tendencias son pasajeras, y si basas los pilares de tu negocio en ellas, es posible que en un tiempo ya no sean relevantes.**

Como lo hemos mencionado antes, Lady Multitask es una gran herramienta para reconocer y conocer posibles mercados, nichos y *targets*. Puedes preguntar sobre necesidades de mercados específicos y buscarles soluciones. Tu relación con tu *target* debe ser estrecha y recíproca. Si las personas te están pidiendo algo, es mejor que las escuches. Pero recuerda que en esta vida no le puedes dar gusto a todo el mundo, y mientras la mayoría de tus consumidores estén satisfechos con tu producto, estás haciendo algo bien. Por ejemplo, alguien te pide que cambies el diseño de los accesorios de pelo porque no le gustan. Es probable que sientas una presión por hacerlo, pero si es solo una persona, quizá no está dentro de tu *target*. Si cien personas te piden un cambio de diseño, ya es otro asunto. **Escucha a tu *target*, pero considera que no puedes tener el producto perfecto para todo el mundo.**

Ejercicio
Identifica tu
target

Ahora es tu turno de establecer tu *target*. Responde las preguntas que planteamos a continuación para describir a tu consumidor. Esto te ayudará a saber dónde lo podrás encontrar y cómo podrías venderle tu producto. Recuerda que mientras más conozcas a tu *target*, mejor.

1. ¿Quién pagará mi producto? ¿Qué nivel socioeconómico tiene, a qué género pertenece, a qué generación, dónde vive?

_____

_____

_____

2. ¿Quién ya compra lo que yo ofrezco?

_____

_____

_____

3. ¿Qué tipo de comprador es? ¿Cómo puedo definir su carácter, su forma de comprar, sus gustos, sus preocupaciones, sus intereses?

_____

_____

_____

4. ¿Dónde encuentro a mis consumidores potenciales? ¿Qué medio de comunicación emplean? ¿Tradicionales (impresos, radio, televisión...) o digitales (redes sociales, pódcast, audiolibros...)

_____

_____

_____

_____

5. ¿A través de qué redes sociales o de qué otros formatos voy a vender mi producto, teniendo en cuenta mi _target_?

_____

_____

_____

_____

TIP: Una herramienta que utilizan muchos marketeros es crear un personaje que responde a ese *target*: le dan nombre, dirección, personalidad, todo. Cuando transformas estas respuestas abstractas en un personaje único, conoces a tu *target* aún mejor.

CAPÍTULO 6

BUENAS COMPAÑÍAS

Hay algo que te vamos a repetir hasta el cansancio: no tienes que hacer esto sola. Muchas de las mejores ideas surgen cuando las compartes con otras personas, ya sean amigos, familia o socios. A veces las ideas se quedan atoradas en nuestra mente, y la única manera de desbloquearlas es compartiéndolas. Tener a alguien con quien compartir puede ser muy valioso, pero tener una sociedad y tener un círculo de apoyo es muy diferente. La gente de tu alrededor puede ayudarte y apoyarte, pero no necesariamente va a ser parte de las decisiones que tomes en tu negocio. En una sociedad, sí.

Un socio es una persona que es dueña del negocio, al igual que tú. Comparte todos tus activos y aporta dinero, tiempo, recursos y tiene participación como propietario, así como un porcentaje de las ganancias de la empresa. Como ves, es una relación mucho más fuerte que la de un empleado. Un socio o socia es un compañero(a) inseparable en tu viaje. Por eso es indispensable: *a)* aprender a reconocer si vale la pena y necesitas hacer una alianza, *b)* elegir a tus socios y *c)* reconocer cuándo es momento de separarte de ellos y cómo ejecutar esa decisión. En este capítulo hablaremos de todo eso.

En estos años con Lady Multitask hemos constatado que una sociedad es como un matrimonio: hay que saber escoger a nuestra pareja, y trabajar mucho y constantemente para que funcione a largo plazo. Es una relación compleja y hay que cuidarla, cultivarla, ayudarla a crecer y ponerle límites y, si no funciona, tener el coraje de terminarla y saber cómo hacerlo.

Por favor, no te espantes. Nosotras somos socias y hermanas, y hemos funcionado de maravilla. Establecimos nuestros límites, valores y hablamos con confianza. Siempre vamos a ser hermanas antes que socias. Nosotras somos el claro ejemplo de que es posible tener una sociedad exitosa con tus amigas o tu familia, pero no es algo fácil.

Mejor sola que mal acompañada

La primera decisión que hay que tomar es si hacer una sociedad o no. *¿En realidad necesitas una socia o un socio?* Muchas veces, por miedo a no ser capaz de hacerlo solas, saltamos a la primera oportunidad de tener una sociedad. Pero una cosa es buscar apoyo y otra muy distinta convertir ese apoyo en una sociedad. Todas necesitamos ayuda, pero no todas necesitamos un socio o socia. Pregúntate, *¿qué podría aportarle a mi negocio un(a) socio(a)?*

Si al principio no tienes el capital para lanzar tu negocio, evita solucionar el problema consiguiendo un socio. Es decir, no lo hagas solo por dinero. Puedes pedir un crédito o buscar inversionistas. Sé paciente, a la larga va a ser mejor.

Digamos que después de hacer el ejercicio consciente de identificar si necesitas un socio o no, decides que sí es necesario traer a alguien más a tu negocio. Es lógico pensar primero en las personas que están a tu alrededor como candidatas para una sociedad, porque son las personas en que confías y resulta natural comenzar un negocio con ellas. Pero es más complicado que eso. Es como cuando en la escuela tenías que hacer un trabajo en equipo y tu primer instinto era elegir a tus amigas, incluso sabiendo que te iba a tocar trabajar el doble porque ellas de pronto no eran tan aplicadas. Desde luego que habrá algunas de tus personas allegadas con las que sí puedas aliarte, pero debes revisar con lupa las motivaciones, razones y los beneficios de asociarte con ellas.

Antes de asociarte con alguien debes preguntarte: *Esta persona y yo ¿tenemos la misma proyección para este negocio?, ¿tenemos los mismos valores?, ¿tenemos buena comunicación?* Haz de cuenta que estás buscando pareja para casarte. El elegido o la elegida tienen que complementarte, pero no ser tan diferente a ti como para que no puedan ponerse de acuerdo.

Una de las razones principales por las que quiebran los negocios es por la mala separación de los socios, pero esto no debería darte miedo. Si eliges bien desde el principio, es decir, si escoges a alguien que tenga tus mismos valores, aumentas significativamente las posibilidades de que, por un lado, te vaya bien, y de que, por el otro, la situación no se ponga demasiado fea si llegan a decidir separarse más adelante.

Si decides tener un socio, formaliza la sociedad con un contrato y demás documentos reglamentarios. Al momento de entrar en una sociedad, todas las cuestiones legales deben estar resueltas con claridad. *¿Cuánto va a ganar cada quien? ¿A nombre de quién está la empresa? ¿Qué es tuyo, qué es de la otra persona y qué es de los (o las) dos?* Todo debe quedar bien especificado en un contrato.

Busca la ayuda de un abogado para que resuelva dudas y te ayude a hacer un acuerdo que sea justo para todas las partes. Esta persona te guiará en el camino de elección de la mejor sociedad y todos los detalles que conlleva un contrato.

En México existen seis tipos de sociedad: Sociedad en Nombre Colectivo, Sociedad en Comandita Simple (S. en C. S.), Sociedad en Comandita por Acciones (S.

en C. por A.), Sociedad de Responsabilidad Limitada (S. de R. L.), Sociedad Anónima (S. A.), Sociedad Cooperativa (S. C.) y Empresa Unipersonal de Responsabilidad Limitada (EURL). Las más comunes para pequeños negocios son las primeras tres, así que investiga cuál es la que más te conviene a ti y a tus socias.

Hay que pecar de mal pensadas. Siempre hay que tener una estrategia de salida. Esto no es ser pesimista, pero si las cosas no funcionan, tienes que garantizar que haya el menor movimiento posible dentro del negocio. Cuando te casas tampoco lo haces pensando en que puede terminar, pero sabes que eso es una posibilidad y que es mejor estar preparada.

Así es que no tengas miedo a parecer exigente o pesimista. Se trata de su negocio, y si la otra persona no está dispuesta a hacer lo necesario con rigor y a tener una relación laboral saludable y profesional, es mejor que no te asocies con ella. **Una vez que tengas todo firmado es importante checar cada tanto tu contrato,** pues muchas veces se declaran cosas que, a la larga, se olvidan, o cambian las condiciones o el contexto. Conoce tus responsabilidades y obligaciones como socia y ejércelas.

TIPS PARA ELEGIR SOCIO(A):

- **Busca a una persona que te complemente:** Tus socios y socias tienen que tener cualidades, habilidades y experiencias distintas a las tuyas, aunque complementarias. De esta manera todos y todas traerán algo diferente a la mesa. Por ejemplo, nosotras dos somos muy diferentes. Una de nosotras es muy buena en ventas y creatividad, y la otra es mejor en operación y organización. Al inicio del negocio nos dividimos los roles en función a nuestras cualidades, y para eso tuvimos que ser muy honestas y objetivas. Cada quien sabe para qué es buena, y eso es lo que aprovechamos.

- **Protege tus relaciones importantes:** Si quieres asociarte con una amiga o alguien de tu familia, debes preguntarte si vale la pena el riesgo. Entre amigos y familiares es fácil que se puedan cruzar las líneas del profesionalismo. Hay que poner límites claros y ser capaz de separar la relación de negocios de la personal.

- **Asegúrate de que la otra persona y tú compartan valores:** Para tener una sociedad exitosa ambas partes deben tener la misma visión y la misma idea de cómo alcanzarla. Tu socio o socia debe tener tu misma ética laboral.

- **Elige a alguien en quien confíes:** Escucha tu intuición siempre y asegúrate de que conozcas bien a la persona que va a ser tu socia. Una relación de negocios no necesariamente tiene que ser una amistad, pero es necesario tener una relación civil y de confianza para que funcione.

- **Confirma que la otra persona esté dispuesta a ofrecer recursos y tiempo de una forma que se sienta equilibrada para ti:** Ese socio o socia potencial, ¿le va a echar las mismas ganas que tú al negocio? El nivel de recursos invertidos (económicos, emocionales y de tiempo) tiene que ser equitativo. Esto no significa que deba ser igual por fuerza, sino *justo*.

- **Procura que la economía de la otra persona no dependa exclusivamente del negocio que tienen en sociedad:** Este es un punto delicado de tocar, pero necesario. Nosotras recomendamos que no elijas a una persona que tenga una necesidad económica que piense cubrir directamente con los beneficios de la sociedad. Ya te recomendamos no asociarte solo por dinero, ahora te decimos: tampoco elijas a alguien que se asocie contigo solamente para sacar ganancia económica.

Ejercicio
Estudiando a mi posible socio(a)

Si ya tienes un candidato o candidata para ser tu socio(a), aquí te dejamos un ejercicio sencillo que puede aclararte si la persona es la indicada para asociarse contigo.

En la primera columna escribe tus fortalezas, y en la segunda, las suyas. Identifica cuáles de sus cualidades son compatibles con las tuyas y evalúa cuánto ganarían tú y tu negocio si se asociaran.

MIS FORTALEZAS	SUS FORTALEZAS
1.	1.
2.	2.
3.	3.
4.	4.

MIS FORTALEZAS	SUS FORTALEZAS
5.	5.
6.	6.
7.	7.
8.	8.
9.	9.
10.	10.

¿Y si la sociedad no funciona?

Como cualquier relación, la separación de una sociedad toma tiempo y es una decisión difícil de tomar.
Sin embargo, si te encuentras en una situación en
la que ya no tienes confianza en tu socio o socia, no
tiene sentido seguir. Las razones pueden ser muchas,
pero el punto es reconocer y aceptar cuando algo
simplemente no está funcionando. Si está lastimando
al negocio (o a la relación) más de lo que lo está beneficiando... ahí está la respuesta. Busca las famosas
red flags. ¿Qué es lo que te molesta? ¿Cómo está
afectando al negocio esta relación? ¿Estamos dando
el mismo esfuerzo?

Tómate tu tiempo, haz listas de pros y contras. Si
tuviste la precaución de marcar una ruta de salida, la
separación no debe tener problemas. Ahora bien, si te
encuentras en una situación en la que ya no quieres
seguir con una sociedad, pero no tienes plan de acción: haz uno. Habla con abogados, asesórate y corta
el cordón. Tomar esta decisión a tiempo puede salvar
tu negocio, y no hacerlo puede romperlo. Es normal
tener sentimientos de duelo y frustración, pues es un
divorcio como cualquier otro, pero es posible salir bien
librada de esa batalla si te informas y lo haces bien.

Conseguir inversionistas

Tener un socio no es lo mismo que tener un inversionista. A veces nuestro capital no es suficiente para
lanzar nuestro negocio, pero eso no significa que por

fuerza tienes que asociarte con alguien por su dinero. En ese caso, lo mejor es buscar un inversionista. Esto es, **una persona que le inyecte dinero a tu negocio con el objetivo de tener una ganancia a futuro.** Esta persona no va a estar involucrada directamente en las decisiones de tu empresa, pero espera algo a cambio del capital que invirtió.

Hay varios tipos de inversionistas, y antes de elegir el mejor para tu negocio es importante que tengas muy clara la cantidad de dinero que necesitas. El tipo de inversionista que escojas va a depender de cuánto dinero requieres y qué estás dispuesta a dar a cambio.

TIPOS DE INVERSIONISTAS:

- **Tus amigos y familia:** Es gente cercana a ti que te va a inyectar una cantidad moderada de dinero para darte un empujón y que empieces a vivir tus sueños. El riesgo es alto, pero como la relación es cercana, es algo que ambas partes están dispuestas a aceptar.
- **Ángeles inversionistas:** Estas personas buscan empresas innovadoras para inyectar dinero. Por lo general es algo que hacen porque les apasiona el proyecto y también porque buscan un retorno. Esta inversión también

se da en las fases iniciales del negocio, pues es probable que quieran participar en algunas partes fundacionales del mismo. Suelen dar aportaciones moderadas, pero la ventaja es que crecerán contigo y te ayudarán a crecer. Por ejemplo, conocemos un caso en el que una persona se dedicó a arreglar el terreno de un basurero en Guatemala. Trabajó y transformó ese terreno. Un día le llegó una inversión de un ángel, que era nada más y nada menos que un vecino alemán del predio. El inversionista vio la pasión y dedicación que le ponía esta persona a su trabajo y decidió ayudarla y crecer juntos.

- *Venture capital:* Estos inversionistas toman pocos riesgos y se dedican a invertir en negocios que ya son más maduros y que pueden demostrar resultados rápidamente.

El *pitch*

Una vez tengas claro el tipo de inversionista que vas a buscar y lo identifiques, es indispensable que sepas convencerlo para que invierta en tu negocio. De la vista y el oído nace el amor cuando hablamos de negocios. A continuación te enseñaremos lo que es un *pitch* o presentación, y cómo lograr conseguir las inversiones que necesitas.

Un *pitch* es la presentación oral, escrita y visual de una idea o producto que se hace para atraer

clientes o inversionistas. Su duración es corta y consta de las siguientes partes:

1. Presentación de ti y de tu empresa. Frase corta y creativa que describe tu producto o servicio. Es el gancho para obtener la atención de las personas. Recuerda que tienes poco tiempo para convencer a la gente. En estos tiempos, nuestra atención es corta y necesitamos estímulos que la mantengan

2. Explicación del problema detectado en el mercado y la forma en que tu producto o servicio lo soluciona. Piensa en tus ventajas competitivas y exprésalas.

3. Modelo de negocio. Cuando estás haciendo un *pitch* de inversión, tienes que hablar sobre tus números, tus metas financieras y qué harás para alcanzarlas.

4. Beneficio para el inversor. Asegúrate de decirle al inversionista de qué manera se beneficiará él al darte su apoyo.

En tu discurso tienes que incluir tu ética y tus valores, generar confianza y empatía. Sobre todo tienes que transmitir tu vocación y pasión por tu negocio. Es superimportante, si no es que lo más importante, que el inversionista o cliente realmente sepa que estás convencido de tu producto, y eso se transmite en energía. Puedes estar diciendo las palabras correctas y tener el mejor *pitch* del mundo, pero si el que recibe la información no percibe tu pasión, es muy probable que pierdas su interés. Apasiónate y contagia tu energía al posible inversor. Asegúrate de que tu *pitch* se quede rondando en su mente después de haber terminado la presentación.

Ejercicio
Practica tu
pitch

Escribe tu frase gancho y redacta la estructura de un *pitch* de 5, 15 o 20 minutos. Practica con tus seres queridos y pídeles su opinión objetiva. ¿Pusieron atención en todo el discurso? ¿Sintieron la pasión?

_____

_____

_____

_____

_____

_____

_____

_____

_____

_____

_____

Coaches y mentores

En los negocios hay otras dos figuras que pueden apoyarte, aunque no de manera económica: los *coaches* y los mentores. Ellos son personas que guían por el mejor camino, aunque cada uno de manera distinta.

Un *coach*, literalmente «entrenador», es una persona que por lo general es experta en un área de estudio, que te ayuda a tener mayor rendimiento en un tema concreto. Por lo general cobra por sus servicios y está enfocado a conseguir resultados. No da su opinión personal, se enfoca en darte un diagnóstico objetivo y las opciones que tienes, sin decirte qué hacer concretamente. Para nosotras, nuestros *coaches* han sido nuestros abogados. Ellos nos han apoyado cuando nos hemos topado con varios obstáculos y nos han ofrecido una visión objetiva. Gracias a eso hemos aprendido y tomamos mejores decisiones. No es necesario que un *coach* haya pasado por algo similar a lo que tú estás viviendo, pero sabe cómo encauzarte. En otras palabras, es como un entrenador que te da las herramientas y te impulsa a correr un maratón. Sabe la teoría, pero no va a correr contigo.

Por otro lado, **un mentor** es una persona que puede ofrecerte una visión global de tu negocio y piensa en las consecuencias de tus decisiones. Tiene experiencia en lo que tú estás tratando de crear y, desde ese lugar, te da su punto de vista. Normalmente establece una relación personal contigo y se puede volver amigo de por vida. Un mentor no te cobra. Está abierto a aprender de ti y te ofrece su apoyo porque está en su vocación hacerlo, no porque sea un servicio por el que espera recibir un pago. Es una relación de confianza. Los mentores quieren lo mejor para ti y para tu negocio y tú lo sabes.

En la mentoría existen tres etapas: *a) protección*, el mentor te cuida como si fueras un recién nacido y te ofrece enseñanza; *b) exigencia de resultados*, te pide que le rindas cuentas y puede ordenarte que leas o hagas ciertas cosas para mejorar tu *performance*; *c) compañerismo*, te acompaña a resolver problemas y se vuelve una suerte de confidente.

Quizá te preguntes si tu negocio necesita un *coach* o un mentor. La respuesta es sí. Cuando no tienes idea de algo, es mejor buscar ayuda profesional. Si estás dispuesta a invertir en tu conocimiento, tu negocio va a tener muchas más posibilidades de crecimiento. Si sabes que tu negocio está sufriendo en un tema específico, busca a un *coach*. Si crees que necesitas un guía que te apoye y aconseje, busca a un mentor. Es difícil encontrar a la persona indicada, pero cuando la encuentres, de seguro será una de las mejores relaciones para tu bienestar y el de tu negocio.

Ten en cuenta que los *coaches* y los mentores no son solamente para las empresas. También te recomendamos buscar este tipo de apoyo personal. Si sientes que hay algo que no te está permitiendo llegar a tu potencial más alto, busca ayuda. Te puedes apoyar en una terapia, en tus amigos o tus socios. Si tú estás en una buena posición mental, tu negocio va a funcionar mejor. **Tener una empresa es un proceso de autodescubrimiento. En el proceso te conocerás mejor y encontrarás tus pasiones y metas.** El camino no es rápido y a veces puede ser cansado, pero te aseguramos que vale la pena.

Un último detalle. Cuando tu negocio haya despegado y sientas que cuentas con una experiencia que podría beneficiar a otras emprendedoras, no dejes de devolverle el favor a la comunidad y conviértete en mentora de alguien.

Ejercicio
Lista de mentores
soñados

Haz una lista de cinco personas que te gustaría tener como mentoras y describe brevemente por qué. Observa lo escrito y piensa cómo puedes acercarte a esas personas para pedir su mentoría.

NOMBRE MENTOR(A)	POR QUÉ QUIERO QUE SEA MI MENTOR(A)
1.	1.
2.	2.

Ejercicio
Lista de mentores soñados

NOMBRE MENTOR(A)	POR QUÉ QUIERO QUE SEA MI MENTOR(A)
3.	3.
4.	4.
5.	5.

CAPÍTULO 7

QUE NO TE INTIMIDE LA BUROCRACIA

Antes de comenzar este capítulo, una advertencia. A continuación vamos a hablar de temas que probablemente siempre te parecieron tediosos y aburridos como el SAT, la SRE, los registros públicos y otras cosas de ese estilo, peeeero te prometemos que vale la pena que conozcas esta información, te va a ahorrar mucho sufrimiento, dinero y tiempo. ¡Ven con nosotras!

El dinero es un tema que se toca muy poco en nuestra sociedad. Cuántas veces no escuchamos que en la mesa no se debe hablar de dinero, política o religión, y menos si eres mujer. Tal vez por eso la mayoría de nosotras comenzamos con nuestros negocios sin ser expertas en finanzas, así que es normal que te sientas intimidada por los números. A veces el negocio empieza a avanzar, y de repente, cuando menos te das cuenta ya tienes que hacer un balance o una cotización y te entra el pánico. A nosotras nos pasó, como te contamos en uno de los capítulos anteriores. Tuvimos que aprender y perderles el miedo a los números después de un errorsazo en el tema financiero, y hoy estamos aquí para ayudarte para que no tengas que pasar por algo así.

Al hacer el compromiso de crear un negocio tendrás que realizar muchas tareas simultáneamente a tu plan de negocios: registros, asesorías y sesiones de peloteo. No te agobies, como ya te lo hemos mencionado, tener un plan es la llave del éxito.

Antes que nada, tenemos que hablar de la formalización de tu empresa. Sabemos que lo que más quieres es ya salir a vender o a producir; cuando empiezas algo nuevo tienes todas las ganas y energía de crear. Para esta parte te pedimos un poco de paciencia. Para que tus números tengan sentido tienen que ir y venir de alguna parte. La formalización de tu negocio es lo que le va a dar la estructura legal y tangible para que pueda crecer. Sí, la economía informal existe, y es una parte muy prevalente en nuestro país, pero mientras más hagamos el esfuerzo por formali-

zarnos, más serán los beneficios para ti, tus empleados y tu economía.

Formalizar tu negocio significa llegar a tocar la
puerta y decir: *ya llegué*. La formalización, estricta-
mente hablando, es el proceso para incorporarse a
la economía formal de un país, es decir, a todo lo que
está registrado por las autoridades, ser parte de todos los negocios y personas que reportan sus ingresos al Servicio de Administración Tributaria, o sea, el
famoso SAT.

**El objetivo principal de la formalización es tu
crecimiento. Si no estás formalizado no puedes
crecer, así de simple. Puede que tu producto se
venda y sea conocido dentro de tu círculo, pero en
el momento en el que quieras salirte de ese círculo, si no estás formalizada, la situación se empieza
a complicar.** Si en algún momento quieres poner una
tienda, establecer un *e-commerce* o vender en otros
países, la formalización es un paso esencial. Sí, es una
inversión, pero a la larga, si no la haces, te va a salir
más caro el caldo que las albóndigas.

Pongamos un ejemplo. Puedes estar vendiendo
las pulseras más hermosas del mundo y al mejor precio, pero si no estás formalizada no puedes generar
confianza en los consumidores, y es muy poco probable que tu negocio crezca a su verdadero potencial. A
los ojos de las personas, un negocio no formalizado
significa un riesgo. ¿Cuántas veces no hemos com-
prado algo por el miedo a que no llegara, o a que
nos estafaran? Pueden ser los zapatos más buenos,
bonitos y baratos del mundo, pero si no existe la con-

fianza, no hay manera de que te los compren. No es lo mismo llegar a vender unas zapatillas increíbles sin un nombre, un logo o una empresa que las respalde, a que llegue Zapatitos.inc, a quien le puedes pagar por transferencia y te emite factura. Esa confianza se puede construir por medio de un proceso de formalización. Puede parecer complicadísimo, pero en realidad no lo es.

Así es, lo más importante que te va a dar esto es confianza y seriedad. Te va a brindar una base mucho más sólida dentro de tu emprendimiento y un potencial de crecimiento enorme. Vas a poder separar ingresos y gastos entre tu vida laboral y personal, deducir impuestos, darles seguridad social a tus empleados, proteger tu nombre y marca, hacer alianzas y colaboraciones con otras marcas, e incluso vender en el extranjero.

La formalización no solo es una ventaja para ti y tu negocio, sino para la economía del país. Es la única manera en la que se puede medir el verdadero impacto de las mujeres en la economía. Como ya habíamos mencionado, esto es esencial para que se nos tome en serio como la fuerza laboral y económica que somos. Nuestros negocios no son *hobbies* ni caprichos, sino que de verdad pueden ayudar a la prosperidad del país. Muchas personas no se formalizan porque piensan que es un gasto excesivo, o que si son una empresa chica no tiene sentido. Sí, a veces da miedo, la información es muy confusa y nos enfrentamos a la interminable burocracia de este país. En ocasiones nos gana el famoso: *¿Si ellos no,* *por qué yo sí?* Confía en nosotras, esto no es un gasto, es una inversión. De hecho, cuando empiezas una empresa no tienes que pagar impuestos hasta que recuperas todo lo que le invertiste. ¿Entonces? No hay excusa.

En Lady Multitask hemos impulsado muchísimo la formalización de nuestros propios negocios y de nuestro equipo. En nuestro caso, ya habíamos pasado por el proceso varias veces en negocios anteriores. Afortunadamente estamos rodeadas de abogados que nos promovieron un paso necesario para cualquier empresa que formáramos. Al principio lo veíamos como un gasto y no estábamos seguras de quién se estaba beneficiando de todo el papeleo y la burocracia, pero alguien nos dijo: «Cuando tengan un negocio al que le vaya bien tienen que estar listas». Y dicho y hecho: llegó Lady Multitask y crecimos de una manera rapidísima. Entonces nos dimos cuenta de la verdadera importancia de formalizar nuestro negocio desde el momento uno. De no haberlo hecho, muchas de las puertas que se nos abrieron se nos hubieran cerrado de inmediato. No seríamos lo que somos ahora, definitivamente.

Tienes que saber dentro de tu corazón que te formalizas porque sabes que va a ser serio. Cuando nosotros abrimos Lady Multitask había muchos grupos similares, pero cuando lo hicimos oficial se puso por encima de los demás. Creíamos en nuestro proyecto, sabíamos que iba a crecer. Por eso es que ese proceso no es solo para beneficio de tu negocio, sino de ti como emprendedora. Si lo haces con esa intención en mente, puede ser una fuente de confianza para ti. Es como apostar por ti porque crees en el potencial que tú y tu negocio tienen. Formalizar tu emprendimiento es tomarte en serio a ti, a tu tiempo y a tu negocio.

Existen dos tipos de formalización: la legal y la básica. La primera es aquella que tiene que ver con constituirse como una empresa ante la ley. Esto es lo que te va a dar oportunidad de crecimiento, así como beneficios y obligaciones fiscales. Con la segunda puedes posicionarte como empresa sin estar constituida ante la ley. Por ejemplo, crear un logo, una marca, un nombre, abrir las redes sociales del negocio y montar una página de internet. Todo esto le da seriedad a tu producto, pero no te hace una empresa legal. Insistimos, sin la formalización legal no vas a poder dar el siguiente paso. Si apenas estás empezando, te recomendamos que hagas ambos procesos simultáneamente para que puedas ponerte en marcha lo más pronto posible.

Ahora bien, dentro de la formalización legal existen, a su vez, dos tipos: el físico y el moral. El primero es cuando te das de alta tú sola, como persona física con una actividad empresarial, y el segundo es cuando das de alta a tu empresa, sin importar si estás emprendiendo sola o con socios. Es necesario que establezcas una denominación o **razón social**, que básicamente es el nombre legal que tendrá tu empresa. No es necesario que este nombre sea el que vas a usar para vender o publicitar, sino el que va a quedar registrado. Por ejemplo, tu producto puede llamarse ViniBotas, pero tu razón social es Comercializadora de botas de vinipiel Vini.

Es muy importante que registres el nombre, poque, si no, cualquier día pueden venir a decirte que no puedes usarlo porque alguien más lo registró. En el momento en el que estés segura de tu marca, tu producto, y tu nombre comercial, toda esa información debe quedar registrada en el Instituto Mexicano de la Propiedad Industrial (IMPI). Como lo dijimos antes, registrar una marca no te hace una empresa formalizada legalmente; sin embargo, sí ayuda a proteger tu propiedad intelectual. Esto va a asegurarte que nadie más pueda vender tu producto ni utilizar tu nombre. Debes ser rápida, muchas personas pueden tener la misma buena idea, pero quien la ejecuta es la que lleva la ventaja. Una vez registrado el nombre no tienes que preocuparte de este tema por los siguientes diez años, solo debes mantener los documentos y registros al día.

Aparte de la razón social de tu empresa, es necesario que tengas listo el nombre comercial y el giro de tu empresa, o sea, quién eres y qué haces. El giro de tu empresa puede ser industrial, comercial o de servicios. El industrial es cuando la empresa explota los recursos naturales y tiene materiales y máquinas que utiliza para ese fin. Luego están las empresas de giro comercial y de servicios. Probablemente es aquí donde iría la tuya. Si vendes un producto, digamos zapatos, entonces eres comercial. Puedes ser mayorista o minorista, según la cantidad en la que vendes. Si no vendes productos, sino bienes intangibles, un curso o un taller, por ejemplo, entonces estás en la categoría de servicios.

También es importante que sepas cuál es el **régimen jurídico** de tu empresa. Por lo general, si vas a vender algo necesitas una sociedad mercantil. Aquí entran las famosas sociedades anónimas, sociedades civiles, sociedades anónimas con capital variable, entre otras que tal vez no vas a tener que explorar. Suena complicado, y a veces lo es, pero tienes que saberlo. Nuestra recomendación es hablar con un abogado o notario que te asesore para ver qué es mejor para tu empresa. Cada régimen tiene sus beneficios y debes elegir el que más te convenga. No es necesario que sepas cuáles son todos los regímenes, ni que te aprendas cada uno… hay personas que estudiaron para esto. Vale la pena tener siempre a alguien experto, Google no siempre tiene todas las respuestas. El objetivo es que sepas preguntar y que tengas una idea cuando te pregunten.

Antes de embarcarte en el proceso conviene tener claras las respuestas a: qué, de quién, cuándo, dónde, cómo y por qué. Es decir: qué es mi empresa, de quién es, cuándo y dónde se va a trabajar, cómo voy a generar dinero y por qué estoy haciendo esto. Si sabes las respuestas a estas preguntas, es probable que el proceso de formalización te sea mucho más sencillo.

Hay pasos muy claros a seguir cuando se trata de la formalización y, aunque te recomendamos tener a un abogado corporativo, y en caso de dar de alta a tu empresa, a un notario que te asesore en tu proceso, aquí te dejamos un paso a paso que te puede servir:

PASOS PARA REALIZAR
LA FORMALIZACIÓN
LEGAL DE TU EMPRESA:

- **Autorización del uso de denominación:** Para conseguirla debes acudir a la Secretaría de Relaciones Exteriores o hacer tu trámite en línea. Normalmente este trámite tarda unos dos días, y te puede ayudar un abogado corporativo.
- **Constitución de la empresa:** Aquí necesitas un notario que te ayude a hacer tu acta constitutiva. Este documento le va a dar vida a tu empresa y será el más importante para que tu negocio pueda operar con formalidad.
- **Darse de alta en el SAT:** En este momento te darán tu firma electrónica y el RFC de tu empresa. Entonces tendrás todos los beneficios y obligaciones fiscales.
- **Inscripción en el Registro Público de Comercio:** Si estás dada de alta como una persona

física con actividad empresarial, esta parte no es necesaria; pero si tienes una sociedad mercantil, sí debes pasar por este paso.

- **Registro de la propiedad:** Es necesario que lo hagas para establecer el lugar donde va a vivir tu empresa.
- **Registro en el Instituto Mexicano del Seguro Social:** Este es obligatorio para cualquiera que tenga empleados, ya que brinda servicios de salud y seguridad en caso de algún accidente o enfermedad.

Nota: Dependiendo de la naturaleza de tu empresa, es probable que necesites registrarte en otros institutos; por eso, de nuevo, te recomendamos que te asesores con personas expertas.

El proceso de formalización legal de tu empresa es demandante, lo sabemos, pero te aseguramos que no es tan tedioso como parece. Además, la tecnología y el internet hacen los trámites mucho más rápidos y sencillos. Si consigues a un buen abogado corporativo que te ayude y a un buen notario, todo esto irá más rápido. Junta un poco de dinero, ármate de valor y ponte una fecha límite cercana para tener todo 100% formalizado. **¡Buena suerte!**

PARTE III
DEJA QUE TE VEAN

CAPÍTULO 8

SER Y PARECER

¿Te acuerdas cuando no existían Facebook, Instagram ni Amazon? ¿Dónde conseguíamos nuestras cosas? ¿Verdad que es difícil imaginar un mundo en donde las compras y ventas se hacían solo cara a cara?

El mundo de las redes y del internet cambia todo el tiempo, y eso intimida. Pero no te dejes abrumar ni te vuelvas loca tratando de seguir las tendencias. El punto es utilizar las redes de la manera más eficiente posible. ¿Tienes que hacer cuatro TikToks diarios para poder vender? Probablemente no. Es necesario tener una estrategia y conocimiento de tu mercado para que puedas enfocar tus esfuerzos en las redes que te sirvan mejor.

La presencia digital

Todo emprendimiento tiene una historia con una visión y una misión. La forma en que la cuentas y que está implícita en tu marca es lo que conforma la narrativa de negocio. ¿Cómo empezaste? ¿Qué te impulsó a lanzar este proyecto? ¿Cuál es el objetivo de tu empresa y por qué es tan interesante? Si puedes contar esto a través de una narrativa visual interesante, con la que la gente pueda empatizar, es mucho más probable que atraigas clientes potenciales.

Para ello es muy importante que tengas una identidad gráfica auténtica y que destaque. Tener un *look* distintivo es muy importante en las redes sociales, pues los clientes están bombardeados de información e imágenes todo el día, y tú debes resaltar entre todo lo que hay. Un logo llamativo o una paleta de color creativa puede cambiar toda la estrategia digital de tu producto. Por eso nuestro consejo es que inviertas desde el inicio en un buen diseñador que entienda tus necesidades y te dé una imagen única. Si lo que vendes es uno o varios productos, ¡saca buenas fotos! Mientras mejor se vean en la pantalla, más clientes van a querer probarlos.

Ya que tienes una identidad gráfica fuerte, enfócate en crear el espacio digital donde vaya a vivir tu marca y en el cual la gente pueda encontrar información sobre tu producto o servicio. Nos referimos a tu página web y tus redes sociales, fundamentalmente. Esto es esencial para la comunicación de tu marca, la captación de nuevos clientes y el monitoreo de tu negocio. Tus redes sociales y tu web serán los lugares en donde tus clientes puedan ir a resolver dudas, obtener información y potencialmente consumir. Instagram y Facebook se han vuelto esenciales para nuevos negocios, pero las páginas de internet siguen teniendo mucha fuerza dentro de los buscadores web. Tu presencia digital es importantísima, y nosotros te enseñaremos cómo sacarle el mayor jugo posible a cada herramienta y red social.

El *engagement*

Existe una palabra muy común dentro del mundo de las redes sociales: *engagement*, es decir, la interacción que tiene tu contenido con tus usuarios. Este se mide principalmente por los *likes*, los comentarios y las veces que se comparten tus publicaciones. Mientras más *engagement* tengas, más mostrará tu negocio el algoritmo de las redes sociales.

LOS DIEZ

MANDAMIENTOS

DEL *ENGAGEMENT*:

- **No dejes ni un mensaje sin responder:** A nadie le gusta que lo dejen en «visto», así que haz el mayor esfuerzo por responder todas las dudas de tus seguidores y clientes, ya sea en público o en privado. Si sientes que es demasiado, ¡busca ayuda!
- **Piensa antes de hacer una publicación:** Cada post y cada comentario debe tener una razón y una estrategia detrás. Piensa que todo lo que digas, lo estás diciendo a tus clientes potenciales.
- **Dirígete a tu audiencia:** Recuerda quién es tu *target* y crea contenido que corresponda a sus gustos. No es lo mismo generar contenido para un *boomer* que para un miembro de la Generación Z. Piensa bien qué mensaje podría generar más conexión con tus clientes y cuál sería la forma más empática de comunicarlo.
- **Sé constante:** Los algoritmos de las redes sociales «premian» la cantidad y calidad de tu contenido. La clave del éxito es publicar todos los días, o de la forma más regular que puedas, de esta manera los clientes no se olvidarán de que estás ahí. La gente sigue a

cientos de cuentas, pero hay más posibilidad de que se quede con el contenido de aquellas que publican de manera constante.

- **Sé respetuosa:** Es muy común recibir comentarios agresivos o irrespetuosos en las redes sociales, y es que el nivel de anonimato que ofrece este medio muchas veces potencia las conductas nocivas. Si llegas a recibir alguno de esos comentarios, sin embargo, no te rebajes a contestar en el mismo tono. Sé la mejor persona y siempre elige el camino de la amabilidad. Una mala respuesta puede dañar tu imagen ante el resto de seguidores y causarte muchos dolores de cabeza.

- **Sé original:** No robes ni copies ideas de otros. La creatividad se valora mucho en las redes sociales. El público percibe si estás copiando, imitando o robando las ideas de otros. Sé auténtica y haz que tus publicaciones también lo sean.

- **Reconoce a tu comunidad:** Agradece a las personas que te apoyan dando *likes* a sus publicaciones y comentándolas. Ellas también están haciendo que tu negocio crezca.

- **Analiza las tendencias y usa las que te sirven:** Las redes sociales cambian con las tendencias y están marcadas por la inmediatez. Lo que está pasando ahora puede pasar de moda en unas horas. Es por eso que debes analizar cuáles son las tendencias que te pueden ayudar y que tienen sentido dentro de tu negocio.

No todas las olas son para surfearlas, pero si encuentras una buena, ¡vas!

- **Utiliza las estadísticas:** Los números no mienten. Muchas de las redes sociales tienen herramientas en las que puedes ver el *engagement* que ha generado tu contenido. Usa esta información para mejorar tus prácticas y crear una mejor estrategia.
- **Sé flexible e innovadora:** Las redes sociales cambian todo el tiempo, por eso es importante mantener una mente abierta y arriesgarte a intentar ideas nuevas. La innovación es la clave del éxito en las redes sociales, sobre todo si tus clientes son jóvenes.

Selectividad = asertividad

No todas las redes sociales son iguales. Cada una tiene su propia esencia y es importante que tomes en cuenta en cuál de ellas vas a hacer tus publicaciones: **¿Facebook, Instagram, Twitter, Pinterest, YouTube, TikTok, LinkedIn?** Puedes tener un perfil en todas las redes sociales, pero si no publicas constantemente en todos, no lograrás nada. Cada red social tiene un público diferente, y es necesario que sepas cómo dirigirte a él. El consejo es que elijas las que más te convengan para tu producto o servicio y las utilices para materializar una estrategia digital que englobe todas tus necesidades.

También tienes que ser muy selectiva en el tipo de contenidos que publicas y el tono que manejas. No todo tiene que ser promoción de producto, debes tener diferentes tipos de dinámicas e interacciones. Explora las cuentas que más te gusten y analiza su contenido. ¿Qué es lo que tienen? ¿Buenas fotos? ¿Una buena historia que te llamó la atención? ¿Memes graciosos? ¿Frases inspiradoras? Escucha tu marca y entiende el tono que tiene. Si vendes trajes de baño, el tono que te conviene quizás es relajado y casual. Si vendes seguros de vida, quizá tengas que ser un poco más seria. Todo depende de que sepas bien a quién le estás hablando y qué es lo que quieres decir. Eso te permitirá ser más asertiva en tu comunicación.

A continuación te hablamos de la importancia de cada una de las redes sociales y de cómo puedes enfocar tus posts para garantizar el mayor *engagement* posible de parte de la audiencia que las frecuenta.

1. Facebook

Esta quizás haya sido la primera red social verdaderamente global. En un principio funcionaba como un *blog* personal en donde podías compartir tu vida; pero, a medida que otras redes sociales fueron creciendo, Facebook cambió su enfoque y rápidamente se convirtió en una herramienta esencial en la creación de comunidades. Los grupos son el motor de Facebook, es la red social perfecta para reunir a personas que están buscando algo en específico. Funciona para buscar, promocionar y recomendar. Esta es la red social cuyos usuarios tienen más rango de edad y, de hecho, se ha vuelto muy popular entre las personas mayores.

Pertenecer a comunidades y grupos que sean de tu interés puede ser muy útil para las ventas de tu negocio. Cuando promociones tus productos y servicios, asegúrate de que tus posts sean claros y que provean a los demás toda la información necesaria para acceder a ti. También puedes tener una página para tu producto o servicio y mantenerla actualizada con todos tus datos de contacto. Muchas de las ventas se hacen por mensaje directo, así que hay que estar al pendiente del inbox.

Como sabrás, Lady Multitask comenzó en Facebook. Nosotras ya estábamos inscritas en esa red con perfiles individuales, y con el tiempo nos pareció lógico comenzar nuestra comunidad ahí mismo. Hemos ido expandiendo nuestra influencia a otras redes, pero Facebook sigue siendo la base de nuestra comunidad.

2. Instagram

Esta red social se ha convertido en una herramienta invaluable para las empresas y negocios pequeños que quieran llegar a un público joven. Es mucho más visual y estética que Facebook, y si vas a tenerla como uno de tus canales de comunicación, es necesario que ofrezcas una identidad gráfica original y que destaque. Aquí, una buena foto puede ser un gancho para un cliente potencial y para ganar seguidores.

Instagram no se alimenta de una comunidad, como Facebook, por lo que es mejor tener un perfil propio para tu empresa. Si tienes un buen *timeline* y logras crear *engagement* por medio de publicaciones, historias, *lives* o *reels*, Instagram puede ser un gran aliado. Además, debes tener un calendario de publicación constante: mientras más publicaciones tengas y más *engagement* consigas, el algoritmo va a premiar más tu perfil y le va a mostrar tus productos a tus clientes.

Algo que también puedes hacer es invertir en pautas, o sea, pagar para que la aplicación les muestre tus productos a otros clientes potenciales. Las pautas deben estar enfocadas en un *target* específico, el cual tienes que delimitar de manera consciente. Si quieres llegar a gente de otros países u otras edades, lo puedes hacer por este medio. Instagram también es muy valioso para hacer marketing social. Los famosos *influencers*, o gente que tiene muchos seguidores, pueden ser aliados para la promoción de tus productos o servicios. Este tipo de dinámicas se han vuelto cada vez más populares, pero si decides usarlas, asegúrate de hacerlo de manera ética y genuina. La honestidad y la confianza son factores que se valoran cuando un *influencer* te está promocionando algo en redes sociales.

3. Twitter

Esta red social no es una herramienta que normalmente se utilice para vender, pues se centra más en la información inmediata. Si bien existe la posibilidad de subir fotografías e incluso *fleets* (parecidas a las historias de Instagram), Twitter se ha mantenido como una red social casi libre de promoción de productos. Sin embargo, puede ser una buena herramienta para vender servicios, especialmente de comida.

4. YouTube

Los videos son una gran herramienta para vender, siempre y cuando sean entretenidos, y YouTube es la plataforma audiovisual por excelencia. Los videos cortos se pueden subir a Facebook e Instagram, pero si pasa de un minuto no va a funcionar en esas redes. Por eso, si quieres crear videos más largos de lo que te permiten las otras redes sociales, esta es la plataforma ideal para tu contenido.

Además, YouTube es una gran manera de crear comunidad y hacer alianzas de contenido con *vloggers*. En cuanto al contenido propio, puedes subir tutoriales de cómo usar tu producto. Los videos de YouTube son más complicados; pero, si tienes el equipo indicado y logras videos de buena calidad, será una gran manera de promocionarte.

5. TikTok

Es el fenómeno más reciente de la comunicación digital. Es la red social con mayor cantidad de usuarios en el mundo, y si bien no se ha explotado como una forma de promoción o venta, tiene un gran potencial. La mayoría de las personas que están en TikTok son de la generación Z, o sea, los más jóvenes de la población hoy por hoy. Es un trabajo duro, pero si logras tener una comunidad activa en TikTok, las posibilidades de crecimiento y alcance son impresionantes. Esta red social te da una gran oportunidad para crear alianzas con *influencers* para promocionar tus productos, pues tienen la posibilidad de llegar a millones de personas.

Community Management 101

¿Qué es un *community manager*? Es la persona que se encarga de crear y mantener comunidades digitales que se encuentran en las redes sociales. Esta persona tiene que ser creativa, organizada y tener experiencia dentro de la comunicación y el marketing digital. Es una figura que debería tomarse muy en serio, pues es una pieza clave en la estrategia de promoción y presencia en redes sociales.

Para hacer una buena estrategia de redes hay que entender qué es lo que premia cada uno de los algoritmos. Esto cambia seguido, así que muchas de las cosas que mantienen a las comunidades son de prueba y error. Por ejemplo, como vimos anteriormente, Instagram es una red social que se basa en lo visual. El algoritmo va a premiar las imágenes que se vean mejor, incluso es más probable conseguir *likes* cuando una foto no tiene filtro. La cantidad de comentarios también es muy importante, por eso siempre debes tener el famoso «*call to action*» (llamado a la acción): esta acción puede ser ir a tu página web, comentar, dar *likes*, o fomentar cualquier tipo de interacción con tu marca. Por ejemplo, «dale *like* si quieres un dos por uno» o «comenta tu producto favorito» o «taggea a dos amigas a las que creas que puede interesarles esto». Todas esas dinámicas te van a producir *engagement* y, a la larga, harán que tu marca sea más visible.

Ganar seguidores no es algo fácil, pero con una buena estrategia es más sencillo. En un principio hay que tener un **nombre fácil de recordar y buscar.** Si tienes @perritosbonitos2352 como nombre de perfil se va a complicar la búsqueda para las personas. Buscar un buen nombre y mantenerlo a través de todas las redes sociales es importante.

La manera más rápida de conseguir seguidores en una cuenta nueva es buscando el apoyo de los que te rodean. Dile a todo el mundo que te siga, impulsa tu cuenta por todos lados. Algo que puede sonar tentador es la compra de seguidores, pero esta práctica no sirve de mucho, pues como lo hemos mencionado antes, el *engagement* es lo que hace que tu cuenta tenga un mayor alcance. De nada sirve tener 100k de seguidores si no van a interactuar con tu cuenta. La captación de seguidores orgánica es más lenta, pero a la larga va a ser mucho mejor para tus redes.

Para tener buenas prácticas de *community management* **es necesario tener un calendario** que indique lo que vas a subir cada semana a cada red social. Recuerda que una de las claves del éxito es ser constante en tu ritmo de publicación. Hay un par de guías más o menos generales sobre cuándo publicar para tener más alcance. Por ejemplo, publica los domingos en la tarde, cuando hay muchas personas conectadas, no publiques cuando la gente está trabajando, almorzando o durmiendo, intenta hacerlo cuando la mayoría de la gente está en sus casas en modo relax y ya terminó de trabajar. En todo caso tu perfil tendrá sus propias dinámicas, y mientras más te entrenes y ofrezcas más contenido, más te darás cuenta de qué días y a qué horas se genera más *engagement* en tus redes.

Te dejamos un ejemplo de un calendario de redes sociales para que puedas hacer el tuyo:

Día/Hora	Lunes	Martes	Miércoles	Jueves	Viernes	Sábado	Domingo
12:00	Post Facebook						
1:00		Historia en IG					
2:00	Video en IG						

Ejercicio
Haz tu calendario de publicaciones RRSS

Utiliza la tabla en blanco a continuación para realizar el ejemplo de una semana en tu calendario de publicaciones digitales.

Día/Hora	Lunes	Martes	Miércole
12:00			
1:00			
2:00			
3:00			
4:00			
5:00			
6:00			
7:00			
8:00			

Jueves	Viernes	Sábado	Domingo

Página web y plataformas de *e-commerce*

Después de hablar de las redes sociales y el gran impacto que puedes tener a través de ellas, seguro te estás preguntando si una página web es necesaria para tu negocio. La respuesta es sí. Las redes sociales son grandes herramientas, pero una página web sigue siendo un símbolo de seriedad y legitimidad. Aparte, con frecuencia las páginas web son las primeras referencias que aparecen cuando se busca en servidores como Google. Al buscar, por ejemplo, «sillas baratas CDMX» las primeras opciones que te salen son páginas web. Por esa razón, es mucho más fácil encontrar un negocio por medio de un buscador que por medio de una red social.

A diferencia de las redes sociales, una página web cuesta. Todo depende de tus necesidades, pero es probable que tengas que invertir por lo menos en un dominio. El dominio es el nombre de la página. Hay diferentes servidores que se dedican a establecer dominios y páginas por un pago anual. Muchas veces no necesitas a un diseñador web, pues los servidores cuentan con plantillas que puedes utilizar para tu propio sitio. El diseño y costo de tu página web dependerá de tus necesidades ¿Piensas tener una tienda en línea o solo un catálogo? ¿Necesitas una galería fotográfica? Todas estas cosas van a añadir costo a tu sitio web.

El *e-commerce* se ha vuelto una parte esencial de nuestras vidas, en especial después de la pandemia de Covid-19, que **ha forzado a muchos negocios a volverse completamente digitales.** La acción de compra por internet es esencial para que la economía pueda recuperarse y nuestros negocios sigan a flote. De ahí que hoy la mayoría de las tiendas en línea o páginas comerciales tengan la opción de compra directamente. De la misma manera en la que hay servidores que se dedican a los dominios y plantillas de páginas web, existen servidores que se pueden utilizar para introducir la opción de compra por internet. Puede que al principio tu negocio no tenga la infraestructura para acomodar la demanda que se genera al lanzar un producto en línea, pero con una buena organización y con la ayuda de otros servidores, es posible hacerlo.

En Lady Multitask llevamos mucho tiempo pensando en lanzar una plataforma de *e-commerce* propia. Ahora tenemos una aplicación que funciona como una herramienta de comercio social, *networking* y exposición de emprendedoras. Sin embargo, nuestro objetivo es lanzar una plataforma por completo nueva que nos permita dar visibilidad a todos los productos de nuestras *ladies*, tanto local como internacionalmente. Este proyecto, que se ha construido con mucho esfuerzo y ha requerido de gran inversión, sería una gran oportunidad para el emprendimiento femenino digital en México. Te lo contamos para que tú también te animes y para que estés atenta, porque aquí vamos.

CAPÍTULO 9

EL PODER DE LA RECOMENDACIÓN

Empecemos por definir la palabra «marketing». Parece que tiene muchos significados y se puede utilizar para cualquier cosa, pero en realidad, el marketing son las actividades que una empresa o marca lleva a cabo para la captación de nuevos clientes. El objetivo es expandir el campo de acción de la marca para generar más ingresos. El marketing está en todas partes: desde los anuncios espectaculares que ves en la mayoría de las ciudades del país, hasta los anuncios que te saltan en tu teléfono espontáneamente y que te hacen pensar que tu teléfono «te espía» porque te ofrece justo lo que estabas pensando que necesitabas.

El marketing tiene muchas formas. Es una herramienta indispensable cuando hablamos de un negocio, marca o empresa. Mucho antes de que existieran estrategias de marketing y herramientas para captar clientes, lo que se utilizaba para hacer conocido un producto era la recomendación, el boca a boca. La recomendación de alguien en cuyo criterio confías tiene un peso muy fuerte dentro de nuestras decisiones de compra. Antes se hacía de boca en boca, y aunque hoy ha evolucionado, sigue teniendo la misma base: la palabra. Antes quizás eran solo tus amigos y la gente cercana quienes te recomendaban algo, seguramente porque querían que obtuvieras los mismos beneficios que ellos recibieron de algún producto o servicio. Hoy confiamos en desconocidos para guiarnos en nuestras decisiones de compra: **¿quién no ha pasado horas viendo las opiniones que dan de algún producto antes de comprarlo, o de algún restaurante antes de hacer una reservación?**

Según datos de Nielsen, 83% de las personas confía en recomendaciones de gente que conoce, pero también 66% de las personas confía en opiniones de consumidores que no conocen. Con estos datos podemos concluir que la recomendación no solo es efectiva si viene de una persona que conoces. Si bien muchas veces este tipo de recomendaciones se dan de manera natural, vale la pena darles un empujón por medio de estrategias. Si una marca tiene buenas recomendaciones, es mucho más probable que la gente se anime a hacerlas suyas.

El marketing por recomendación es una de las herramientas más poderosas que puedes utilizar en tu negocio. Sin ir más lejos, el *influencer* marketing se basa en la recomendación (por lo general pagada) que hace una persona muy popular, de un producto o servicio. Si vas a adentrarte al mundo de este tipo de marketing es esencial que el *influencer* que está hablando de tu marca tenga el mismo *target* que el producto. Quizás quieras comenzar acercándote a la persona que tiene más seguidores, pero seguramente va a ser mucho más efectivo buscar a alguien que tenga un público con el mismo perfil demográfico de tu marca, aunque tenga menos seguidores.

El marketing por recomendación nos ha funcionado muchísimo en Lady Multitask y seguro te servirá a ti. **Te va a ayudar a dar a conocer tu imagen, ampliar tu base de datos, expandir tus redes de contactos y posicionarte como un experto.** La forma en que lo hagas dependerá mucho de la etapa de desarrollo en que se encuentre tu negocio, no es lo mismo Coca-Cola que Lady Multitask. Sin embargo, sí hay algunas tácticas que deberías tener en cuenta siempre, y te las compartimos a continuación para que las apliques en tu estrategia.

Consejos para motivar el marketing por recomendación

1. Ofrece algo a cambio. Los *reviews* se pueden dar de manera natural, pero se vale motivar a los clientes a que se animen a recomendar tu producto. Puedes hacer eso a través de actividades, descuentos, regalos o activaciones que impulsen la participación de los clientes. Así se da un círculo virtuoso donde el cliente gana y tú también.

2. Crea la oportunidad. Tienes que ofrecer el contexto para que te recomienden, es decir, debe haber canales en los cuales se pueda dar esta comunicación. Encuestas, posts o eventos pueden ser grandes oportunidades para formular estos espacios.

3. Practica el principio de reciprocidad. Si tú recomiendas a alguien, lo más seguro es que te recomienden a ti. Las cosas buenas siempre regresan a nosotros. De ahí que el puntito mitotero sea el principio más básico de nuestra comunidad, es el estandarte de nuestra misión como empresa. Al principio se utilizaba para mantenerse al tanto de una publicación, pero pronto se volvió nuestra manera de brindar apoyo a todas nuestras *ladies*. Hay miles de peticiones, ventas, recomendaciones, preguntas y marcas que se publicitan a diario en nuestra comunidad, y el puntito mitotero nos permite ayudar a todos los negocios que tienen las *ladies* de nuestros grupos. Esta acción no solo le da valor a una publicación, sino que la vuelve más visible para tus amigas y conocidas. El pensamiento detrás de él es: «Tal vez yo no sea el *target* de tu producto, o no sé la respuesta a tu pregunta, o simplemente no estoy interesada en comprarte algo, pero te voy a apoyar». A veces la mejor manera de ayudar es nada más comentar un puntito en cada publicación que veas y que te parezca interesante o necesaria. Al fin y al cabo estamos juntas en esto.

4. Ubica a los embajadores de tu marca. Estos son los clientes que genuinamente se entusiasman con tu producto y se acercan a los valores que quieres representar con tu empresa. Si una de tus amigas es la clienta perfecta y ha recomendado tu producto a cientos de personas, es una embajadora de la marca.

5. Mantente activa. Haz comunicados de prensa, *giveaways*, concursos, estrategias de relaciones públicas y cualquier cosa que les dé la oportunidad a tus clientes de recomendarte y permita la captación de nuevos compradores.

6. Haz fácil el proceso. Asegúrate de que las actividades que generes para fomentar la recomendación sean lo más claras posibles. Mientras más sencillo y rápido sea el proceso para poner un *review*, es más probable que los clientes se decidan a hacerlo.

7. Toma con beneficio de inventario la «mala» publicidad. Muchas veces hemos escuchado la frase «no existe la mala publicidad». Cuando estás vendiendo un producto o servicio, la «mala» publicidad se da cuando cometes errores de comunicación, o si no eres transparente. Piensa en la publicidad de los «productos milagro», que prometen curas exprés que no pueden comprobar. Nuestro consejo es que bases toda tu publicidad en cosas tangibles, reales y comprobables. Un tipo de publicidad engañosa puede llevarte a perder muchos clientes.

Ahora bien, la «mala» publicidad que se da a partir de las opiniones de las personas siempre va a existir. Es imposible crear algo que les guste a todos, y a veces la gente va a tener opiniones de tu producto que no te van a gustar. Es normal, pero no debería de ser recurrente. Si tienes diez opiniones, y de esas, nueve son buenas y una mala, el porcentaje es bajo; pero si tienes diez opiniones, y de esas, dos son buenas y ocho malas... hay algo que necesitas cambiar.

Aliados y patrocinadores

Crear redes de negocios que sean cercanos al tuyo, sin ser tu competencia directa, es un ejercicio muy importante para expandir tu campo de acción y así captar más clientes. Tienes que identificar quiénes son estos aliados potenciales. Cuando lo logras, es como si alrededor de tu marca hubiera varios satélites dispuestos a ayudarte a crecer. Observa qué es lo que compra tu cliente perfecto. Si vendes zapatos de fiesta, tus clientes probablemente también necesiten un vestido, una bolsa o incluso un servicio de maquillaje o peinado. Al crear una comunidad de negocios, el crecimiento es mayor para todas.

Eso en cuanto a tus aliados. La labor de un patrocinador es diferente. Este se va a encargar de proporcionar algo que tú necesitas (productos, espacio, dinero, o cualquier cosa que acuerden) a cambio de publicidad. Por ejemplo, para una pasarela que quieras hacer para tu marca de moda, un patrocinador podría ser una marca de alcohol o comida que ofrezca en tu evento esas bebidas y esos bocadillos. A cambio, la gente que esté en tu evento va a conocerlos y va a estar expuesta a su marca. Los patrocinios son esenciales para la gestión de eventos, pues mientras más tengas, menos tendrás que gastar en el evento.

Ya sea para convertirlas en aliadas o en patrocinadoras, tienes que enamorar a las marcas para que quieran colaborar contigo. ¿Recuerdas el *pitch* que creaste en páginas anteriores? Esa es tu base para convencerlos. Personalízalo dependiendo de la naturaleza de su negocio, demuestra tu conocimiento sobre su misión y visión y hazles ver por qué sería una buena idea que trabajaran juntos. Trátalos como tú quisieras que te trataran.

Nuestro caso de éxito más reciente fue en 2021... ¡en medio de una pandemia! El poder de la comunidad que hemos creado durante tantos años se hizo más visible que nunca cuando Netflix se acercó a Lady Multitask para publicitar la serie mexicana **Madre solo hay dos,** protagonizada por Ludwika Paleta y Paulina Goto.

El objetivo era realizar una campaña disruptiva, que se alejara del modelo convencional. Debíamos, sobre todo, cuidar la autenticidad de nuestro discurso, pues las comunidades digitales priorizan ante todo recibir información que asemeje la confianza y la naturaleza de un intercambio entre personas reales.

Fue así como Ana Servín (el personaje de Ludwika Paleta) ingresó a varios grupos de Lady Multitask en Facebook para pedir consejo a la problemática que atravesaba: le habían cambiado a su bebé en el hospital.

El alcance de la campaña fue tan grande que medios de comunicación como *Elle* retomaron la noticia y *Madre solo hay dos* se colocó rápidamente en el Top 10 de Netflix, luego de que muchas de las mujeres de nuestra comunidad interactuaran con el post y comenzaran a ver la producción original del gigante del *streaming* a raíz de la dinámica.

Ejercicio
Crea tu propia órbita de aliados

En los espacios que a continuación te presentamos, escribe todas las marcas que podrían convertirse en tus aliadas, y en frente de cada una escribe qué pasos podrías tomar para acercarte a ellas.

1.

2.

3.

4.

1.

2.

3.

4.

Ejercicio
Crea tu propia órbita de aliados

5.

6.

7.

8.

9.

10.

5.

6.

7.

8.

9.

10.

La responsabilidad social

Nosotras creemos que el acto multiplicador de tu negocio está en dar y en devolver a la sociedad. No importa si es tiempo, dinero, recomendaciones, mentorías, apoyo. Mientras des tú más, más te van a regresar. De ahí que pensemos que la responsabilidad social deba ser un factor inherente a tu negocio. Por un lado es un bien que le haces a tu comunidad, y por el otro te dará un marketing estupendo, pues te puede ayudar a captar más clientes, en especial si está bien comunicada.

Si ya de por sí te interesa volver tu empresa más sustentable, o socialmente responsable, ya tienes la mitad de la carrera ganada. Hoy en día, las empresas que se preocupan por el medio ambiente, por los problemas culturales o sociales, o que tienen algún impacto positivo en sus comunidades son las empresas que cuentan con un mayor valor percibido.

Ahora, más que nunca, la conciencia es algo esencial. Hay ejemplos, como los de los zapatos Toms, que por cada par de zapatos que comprabas, le regalaban unos idénticos a alguien que los necesitaba. El costo estaba ya incluido cuando uno compraba los zapatos, lo que hacía partícipes a los clientes en la campaña social. Es muy importante que, si decides hacer una campaña o involucrarte de lleno en la responsabilidad social, lo hagas con la ayuda de tus clientes, pues la comunidad es la que va a fortalecer los esfuerzos que hace tu marca por ayudar. Pueden ser cosas pequeñas, como comprar insumos locales, no usar plástico, donar una parte de las ganancias a alguna fundación, contratar a personas con alguna discapacidad. Tú decides cuál es la mejor manera de ayudar a tu comunidad y hacer un mundo mejor a través de tu negocio. **Empieza por ti.**

NOTA FINAL
LAS *LADIES* DEL FUTURO

Hemos escrito este libro para ti, porque creemos en el poder que tenemos las mujeres para revolucionar y transformar el mundo laboral y nuestra sociedad. Mientras existan más espacios hechos para, por y con mujeres, será más fácil realizarnos y vivir en paz. Lo hemos escrito porque queremos que tengas la confianza y la libertad para empezar un negocio, que sepas que sí se puede y que tienes toda una comunidad que te respalda.

Para finalizar, te reiteramos algunos puntos que, nos parece, resumen lo que te hemos compartido a lo largo de estas páginas:

PLANIFICA. TÓMATE EL TIEMPO DE HACER TU MODELO DE NEGOCIO Y TU PLAN DE TRABAJO. TODAS LAS IDEAS QUE TE HEMOS ENSEÑADO EN ESTE LIBRO SON ESENCIALES PARA QUE TENGAS UN EMPRENDIMIENTO SANO Y EXITOSO.

FORMALIZA TU NEGOCIO. POR MÁS PEQUEÑA QUE SEA, TIENES QUE DARLE ESE VALOR A TU EMPRESA. ES UNA SEÑAL DE QUE TOMAS EN SERIO TU NEGOCIO, Y LAS DEMÁS PERSONAS TAMBIÉN LO VERÁN DE ESA MANERA.

APÓYATE EN LAS PERSONAS QUE TIENES A TU ALREDEDOR. HEMOS HABLADO DE COLABORADORES, MENTORES, *COACHES*, AMIGAS, HERMANAS Y LA COMUNIDAD DE LADY MULTITASK, ENTRE OTRAS. TODAS ESTAS PERSONAS ESTÁN AHÍ PARA AYUDARTE. QUE NO TE DÉ PENA PEDIR LAS COSAS, Y TAMPOCO CREAS QUE PUEDES HACERLO TODO SOLA.

ENFOCA TUS ESFUERZOS. NO TE DEJES LLEVAR POR TENDENCIAS FUGACES. OBSERVA TU MERCADO Y TU NEGOCIO Y CUIDA QUE TODO LO QUE HAGAS DE MARKETING, PUBLICIDAD, INNOVACIÓN Y TECNOLOGÍA RESPONDA A TU CASO PARTICULAR.

SI TE CAES, LEVÁNTATE. LOS ERRORES Y LOS OBSTÁCULOS TE HARÁN MÁS FUERTE.

¡EMPIEZA! TOMA TUS MIEDOS E INSEGURIDADES DE LA MANO Y LÁNZATE AL MARAVILLOSO MUNDO DEL EMPRENDIMIENTO. VA A REQUERIR ESFUERZO Y TRABAJO, PERO CADA SEGUNDO VALDRÁ LA PENA. TE LO PROMETEMOS.

Esperamos que este libro te haya sido útil y te auguramos lo mejor para tu emprendimiento. En cuanto puedas, comparte con nosotras y con otras mujeres tu experiencia. Recuerda que si tú ganas, todas ganamos, y así seguiremos construyendo la comunidad de las *ladies* del futuro.

¡Buena suerte!

Pilar y Mercedes
Lady Multitask

Notas importantes

Notas importantes

Notas importantes

Notas importantes

Notas importantes

Notas
importantes

Notas importantes